百怪語り

蛇神村の聲

牛抱せん夏

竹書房
怪談
文庫

※本書は体験者および関係者に実際に取材した内容をもとに書き綴られた怪談集です。体験者の記憶と主観のもとに再現されたものであり、掲載するすべてを事実と認定するものではございません。あらかじめご了承ください。

※本書に登場する人物名は、様々な事情を考慮してすべて仮名にしてあります。また、作中に登場する体験者の記憶と体験当時の世相を鑑み、極力当時の様相を再現するよう心がけています。今日の見地においては若干耳慣れない言葉・表記が記載される場合がございますが、これらは差別・侮蔑を助長する意図に基づくものではございません。

まえがき

ようこそお越しくださいました。この世の裏側へ。

本書をお手に取っていただきありがとうございます。

おかげさまで「百怪語り」はシリーズ化となり、今回は二作目となります。

前回から一年を待たずしての発売なので、八か月弱の間で百話の体験談を蒐集したことになります。よく考えたら、ものすごい数ですね。

体験者様には直接の対面、電話、チャット、海外の方はＬＩＮＥで取材させていただきました。ご協力いただきましたみなさま、ありがとうございます。

お話を伺っていると、その方の人生の一部を追体験しているような不思議な感覚に陥ります。見たことのない風景がありありと浮かび、怪異との遭遇に驚き震える。まさにこの世の裏側の世界。これだから怪談蒐集はやめられません。

体験者様が見て経験したその不可思議で怪しい世界を、本書を通じて読者様にも味わっていただけましたら幸いです。

そして本を閉じたあと、なにか怪異に遭遇してしまったら……その時はぜひお話をお聞かせください。次回はあなたもこちら側の住人の仲間入りです。

本書では、百話の体験談を八つのカテゴリに分類分けしました。
ともだち、仲間、友情にまつわる話を「友」
夫婦、親子、兄弟等の血縁者または同様のつながりのある身内にまつわる話を「家族」
家、住まいにまつわる話を「住」
働くひと、職場にまつわる話を「職」
海外にまつわる話を「海外」
祭礼にまつわる話を「祭」
村にまつわる話を「村」
その他の話を「世間」といたします。

また扉裏には語り版の体験談を八話収録しています。
それではこれより百怪語り、開演です――

目次

海外

祭

村

世間

世間

守られたのか、そうでないのか。

横田さんは以前こんな体験をしたのだそうです。

横田さんはその頃、金銭的に思い悩んでいて、死に場所を求めて山の中へ入っていきました。

そこは鳥取県にある霊場として知られる滝で、

辺りは原生林に囲まれている。

こどもの頃から度々訪れている場所だったそうです。

どうせ死ぬならよく知ったここで首を吊ろうと、ロープを結んでいると、ふいに首のあたりを誰かに掴まれた。

そして、岩場に背中から叩きつけられた。

驚いて辺りを見回しても誰もいないんです。

ただ、その傍らの暗闇の中、不動明王がこちらをじっと見つめていたのだそうです。

一　仮面

その日、まゆみさんは友人宅を訪れる約束をしていた。

家を出る前に電話を入れると、彼女は体調が優れないと言う。

簡単な食べ物を作って持っていくことにした。

インターフォンを押すと友人は扉を開けて出て来たのだが、なんだかおかしい。

顔の上にもう一枚顔がある。まるで仮面のようなものがくっついている。

「あんた、顔、変だよ」

触れると、それはずるっと外れて消えた。

その夜から、今度はまゆみさんが体調を崩した。

友人に電話をかける。

「体調どう？」

「まゆみが帰ってから、メチャクチャ元気になったよ」

二　天井の隅

ゆかりさんが友人の家に初めて泊まりに行った日のこと。

気づけば真夜中近くまで話し込んでいた。

まだ話し足りない。布団を並べて敷いて電気を消してからも仰向けになって他愛もない会話をしていた。

すると友人が天井を指さした。

「そういえば、うち、妖精がいるんだよ」

「え？　妖精？」

「そう。妖精。そのうち来るから、見てて」

（急になにを言いだすんだ、この子は）

ゆかりさんは友人をつついた。

ところが友人は人差し指を口に当てて天井を見つめている。

すると薄暗い部屋の中、白い天井の隅っこの方に、四角形の黒い染みのようなものが現れた。

その真ん中に、スッと縦に一本線が入る。と、そこが両開きの窓のように開いて、中から蛍のような小さな白い光がチロチロッと出てくると、部屋の中をふわふわと飛びはじめた。

微《かす》かに、ちりんちりんと鈴の音のようなものが聞こえて、ゆかりさんのところに近づいてくる。

ふわふわ。ちりんちりん。

顔のまわりを飛ぶと心地よい風が吹く。しかも良い香りがする。

「ねえ、なにこれ」

「だから、妖精。毎日出てくるんだよ」

友人は自慢をするでもなく、さも当たり前のように言う。

ゆかりさんには白い小さな光にしか見えないが、友人には羽根が生えた人に見えるのだという。

三　基礎工事

ルナさんは、栃木県の山中、自然豊かな場所でのびのびと育った。

小学三年生の夏、家の増築が決まり、縁の下の基礎工事もやり直すことになった。山の冬は底冷えがする。足元が寒くなるので、それを防ぐために地中深くまでしっかりとコンクリートを流し入れた。

増築後、ルナさんは初めて自分の部屋を与えられた。おまけにベッドまで新調してもらったので、完成と同時にすぐさまベッドに飛び乗り大の字になった。

ふいに天井からなにかが現れてボトボトッとお腹の上に乗った。

真っ黒な蛇が、三匹絡まってウネウネと動いている。

「うわっ」と払い除けると、蛇の姿はかき消えた。

部屋を飛び出して母親に今あったことを伝えた。母は、眉間に皺《しわ》を寄せて言う。

「基礎工事、やり直してもらわなきゃ。コンクリートで床下まで密封しちゃったから、縁の下で冬眠している蛇や虫たち、きっと息ができないんだわ」

再工事が終わるまでの間、母親も毎日、幻の蛇や虫に悩まされたということだ。

四　場末のスナック

言い方に語弊があるかもしれないが、札幌の厚別区に、とある場末のスナックがある。

この店の常連客で田口さんという方がいる。彼はホステスのまゆみちゃんが目当てで三日にあげず通っていた。

ホステスたちは基本的にカウンターの中に立って接客をするのだが、ある晩店に入ると、ほかに客がいなかったせいか、まゆみちゃんは中から出てきて田口さんの隣の椅子に腰を下ろした。慣れた手つきで水割りを一杯作る彼女を見ていると、店のドアベルがカランカランと音を立てた。

「いらっしゃい」

まゆみちゃんがふり返る。つられて田口さんもドアに顔を向けた。

扉は閉まっている。

なんだろう？　と、まゆみちゃんと顔を見合わせ座り直すと、田口さんが座っている椅子の背もたれに、なにかがドンッとぶつかって、手にしていたグラスから水割りがこぼれた。続けてまゆみちゃんの背もたれにも、なにかがドンッ。

唖然としていると、店のママが「これ飲んだら帰ってね」と誰も座っていないカウンターにグラスを置いた。

「この人、まゆみちゃんのファンだから、田口さんに嫉妬してんのよ」

そこに座っているらしい元常連客は、数日前に病気で亡くなっている。

五　天国地獄

もとはサラリーマンだったその男性は、投資で成功して億を超える資産を築きあげた。働かずとも口座にはどんどん金が入ってくる。

仕事を辞めて毎日豪遊三昧。好きな時に好きな場所へ行き、家を持たずにホテルで生活をするようになった。

ある晩、ベッドに横になって電気を消すと、微かにドアノブが開く音が聞こえた。

（なんだ？）と思った時にはすでに真横に誰かが立っている。

二メートルを優に超える背の高い、バスローブ姿の老人だ。真っ白な髭を蓄え、悲しげな表情でじっと見下ろしていた。

その老人を見た直後から、投資がこげついて男性は一文無しになった。プラスだったものがゼロ。ヤバい人らにタコ部屋に連れていかれたこともある。

ゼロどころかマイナスになって瞬く間に転落していったという。

六　あんちゃん

ある男性が久しぶりに実家に顔を出した時のこと。

押し入れの中から、こどもの頃、兄弟でよく遊んでいたおもちゃが大量に出てきた。

男性には幼い娘がいるので、いくつかもらって帰ることにした。

兄の部屋の前を通ると、窓辺に飾られている人形が目にとまった。いつ、誰が買ったのかはわからないが、ずいぶん昔からある。

「母さん、あの人形ってもらってもいいかな。あんちゃん、怒るかな」

「持っていってもだいじょうぶよ」

良かった。きっと娘も喜んでくれるだろう。

ところが、自宅に到着するや否や急に高熱が出た。もらってきたおもちゃたちはダンボール箱に入れたまま、まずはベッドに倒れ込んだ。

どこからか女の子の声が聞こえてくる。

――あんちゃん。あんちゃん。

目が覚めた。ダンボール箱の蓋が開いていて、人形が涙を流している。

小さな口が微かに動く。

――あんちゃん。あんちゃん。

妻に頼んで人形を実家に戻してきてもらうと、熱は嘘のように下がって声も聞こえなくなった。

人形は今も、あんちゃんの部屋の窓辺に飾られている。

七　後悔

知人に不幸があって、幼稚園児の息子を連れて葬儀に参列した。夜、慌ただしく帰宅して玄関で息子の服を脱がせると、階段の手すりにネクタイをかけて家事をこなした。

葬儀から数日が経ったある夕方。幼稚園から帰ってきた息子のおやつの準備をしていると、廊下からウウッと呻《うめ》き声が聞こえてきた。

リビングから顔を出すと、階段に座る息子の首にネクタイが絡まって、ぐいぐいと空中に剣先が上がっていく。慌てて飛びついて外した。

葬儀から帰った夜、お清めの塩をかけなかったこと、そして息子が締めていたネクタイを手すりにかけっぱなしで、数日間放置していたことを酷く後悔した。

八　一番湯

日帰り入浴が趣味だという男性。彼にはこだわりがある。

掃除が行われる日と時間帯を狙って一番湯に浸かることだ。

最近気に入って度々通っているのが、登別《のぼりべつ》のとあるホテルの温泉だ。とにかく浴室が広いところが良い。

ただ、ひとつ気になることがある。掃除の直後に浴室に入るのに、毎回少し離れたところで、「シャーッ」と蛇口の水が勢いよく流れる音や「カポン」といった桶の音が聞こえる。先に誰かいるのだ。

広い浴室なので姿を見たことはない。業務を終えた従業員だろうか。

ある日、清掃が終わって中から出てきた従業員に「今誰か、お風呂に入っていますか」と訊ねてみたが、誰も入っていないという。

よし、今日こそ一番湯だ、と暖簾《のれん》をくぐり浴室の扉を開けた。やはり蛇口の水の流れる音が聞こえるので、奮起して奥の方まで見にいってみた。誰もいない。

しかし、ひとつの洗い場の蛇口から、水が出たり止まったりしている。

「なんだ。故障だったのか」

その洗い場に背を向けて椅子に腰を下ろし、顔を上げた時だった。

鏡越しに、ふたりの中年男性が、背中を洗いながらこちらをじっと見ていた。

九　絡みつく

車を降りて、広い駐車場内を歩いていた時のことだった。

さっきから、やたらとクモの巣にひっかかる。何度払っても絡みついてくる。

「どうしたの？」

前を行く友人がふり向いた。

「ここ、クモの巣が多いんだね」

「それ、違うよ」

友人が言う。

「時々ここに来ると似たようなことを言う人がいるんだよ。あんた、感じやすいんだね」

この駐車場の先には、沖縄戦末期に沖縄陸軍病院第三外科が置かれた壕「ひめゆりの塔」がある。

十　痛い子

大学生の頃、その女性は北海道は小樽《おたる》の銭函天狗山《ぜにばこてんぐやま》にほど近いアパートに住んでいた。

古い二階建てで、坂道の途中に建てられている。全部で六部屋あり、入居者のほとんどが同じ大学の先輩後輩だ。

ある夜、テスト勉強をしていると、同級生が「怖いから一緒に勉強しよう」と訪ねてきた。聞けば彼女には霊感があり、真向かいに幽霊がいるから怖いのだという。

(痛い子だな)

そう思いつつ、中に招き入れた。

夜十一時に寝る支度をして並んで横になった。電気を消したまさにその時だった。

目の前に髪の長い女が立っている。思わず跳ね起きた。近づいてきた女の顔は半分が欠けて真っ赤にただれている。

「キャッ」と悲鳴をあげると女は躰《からだ》をすり抜けていった。

「私のこと、信じてくれた？」

暗闇の中、同級生は冷ややかな目でこちらを見ていた。

十一　無視

荒木さんはたまに夜釣りに出かける。

「引いてるよ」

背後から声をかけられたが、返事をせず竿にも手をかけない。

「引いてるって。ほら、引いてるのになあ」

声の主は残念そうに帰っていく。

無視をしていたのは、それが人でないモノだとわかっているからだ。

毎回、ため息をつかれるのも面倒だ。

十二　黒子

希美さんの友人が、自宅に遊びにきた時のこと。

紅茶を入れてテーブルにカップを置くと、いつの間にか友人の後ろに太い柱のようなものが立っている。友人はしきりに、

「最近、子宮が痛いのよ」と、下腹部をさすりながら言う。

話を聞いていると、希美さんの背後から芝居で見る黒子のようなものが二体現れて、友人の後ろに立つ柱のようなものを両脇から抱えて引っ張っていく。どこに行くのだろうと思わず立ち上がり窓の外を見ると、近くの祠《ほこら》の方へ連れていった。柱はそれきり動かなくなった。

するると友人は、腹部から手を放し、

「あれ？　全然痛くない。すごく楽になった」

満足したように紅茶をすすった。

十三　二エ

「私ね、特にイケメンじゃないですし、話がおもしろいわけでもないので、決してモテるタイプの人間ではないんですよ」

電話口で佐藤さんはそう話しはじめた。

彼が、多くの女性から言い寄られるようになったのは、結婚をした頃からだった。出会う女性のほとんどから好意を向けられるのだという。

「困ることがありまして。特に深く関わりを持つと、その方が必ず死ぬんです。だから、なるべく距離を取るように気をつけています」

結婚して間もない頃、彼は飲食店で板前として働いていた。そこへアルバイトで入ってきた女子高校生がいた。悩み事の相談に乗っているうち、彼女は佐藤さんに好意を向けるようになり、交際を申し込まれた。既婚者であることを伝えると彼女は、

「そうですよね。ずっと一緒にいらっしゃいますもんね。私もそばへ行きたいな」

佐藤さんの背後をじっと見つめてそうつぶやいた。

高校生は翌日バイトを辞め、数日後、自殺した。

佐藤さんは転職し、介護施設で働きはじめた。なるべく女性と関わらないようにしたかった。

ある日、入所者の高齢女性が、突然雑誌を手にして、

「蛇がいるわ。あっちへ行きなさい。しっし」

と、ベッドを叩きだした。どこを探しても蛇の姿などない。女性をなだめると、

「あなた、いつも一緒にいるのね。仲が良くていいわね。私もそばへ行きたいわ」

そう言って佐藤さんの背後を見つめてほほ笑んでいる。女性は翌日、亡くなった。

また、仕事帰りに立ち寄った近所のコンビニで、迷子の女の子を見つけた時のこと。警察が来るまでの間、話し相手になっていた。女の子の両親からは感謝され、その後も交流があった。

ある日、家を訪ねると女の子は嬉しそうに飛びついてきた。

「いつも一緒にいるんだね。そこ、行ってみたいな」

佐藤さんの後ろを指さす。ふり向くが誰もいない。なんのことだろう。女の子は数日後に事故で亡くなった。

「深入りすると、亡くなるんです。みんな、同じことを言うんですよね。いつも一緒で

羨ましいって。誰もいないのに。外へ出て人と関わりを持つことが怖くなって、しばらく休職することにしました」

「身近で三人の方が亡くなるのは辛いですね」

「三人じゃないですよ。もっとです。最近、原因がやっとわかった気がします」


佐藤さんはある晩、喉が渇いて目が覚めた。二階の寝室から階段を下りる途中、一階の和室から微かに音が聞こえた。

閉めたはずの襖《ふすま》が開いていて、なにかがギチギチになって蠢《うごめ》いている。思わず足を止めて様子を窺《うかが》うと、襖に当たって中から巨大な蛇の頭が出てきた。

蛇はぬらぬらと近づいてきて佐藤さんの目の前で止まった。こちらを見つめるその目は、蛇のそれではない。瞬時に妻の目だと悟った。妻の右目の下には特徴的なほくろがある。佐藤さんは妻のその目に惚れていたのでピンときた。

蛇は口を開けると、

「ニエ……よこせ……。ニエをよこせば、オマエを生涯守ってやろう……」

そう言って大笑いしながら佐藤さんの横をすり抜け、ずるずると階段を上り寝室へ入っていく。

慌てて後を追うと、寝ている妻の腹部にしっぽの先が、ずるんと入って消えた。妻を揺り起こし「大丈夫か」と問うと「夜中になによ。うるさいな」と一瞥《いちべつ》された。

妻に背を向けて横になって布団を被ってみたものの、眠るどころではなかった。今起こったできごとを反芻《はんすう》し続けた。と、背中の異様な気配に飛び起きた。妻が正座してこちらを見下ろしている。その躰には大蛇が巻きついて舌をチロチロと動かしている。

虚ろな目をした妻を見て、先ほどの言葉を理解した。

「ニエ」とは「生贄《いけにえ》」を意味しているのだ。

「だから私はこれ以上もう犠牲を出さないためにも、女性と関わってはいけないんです」と彼は言う。

ところで、このご夫婦にはふたりのお子さんがいる。ひとりは女の子だ。インタビューの最後に気になることを訊ねてみた。

「お子さんは、大丈夫なのでしょうか」

「はい。だいじょうぶです。娘の躰にも蛇がついていますので……」

十四　羽音

信義さんは急性膵炎《すいえん》で入院したことがある。

入ったのは大部屋だったので、プライベート空間を保つために常に間仕切りカーテンを閉めて過ごしていた。

数日が経ったある日、ベッドに座ってＹｏｕＴｕｂｅを見ていた。好きなチャンネルがちょうど更新されている。

ぼんやりと見ていると、ふいに頭上でバサバサバサッと、まるで大きな鳥の羽音のようなものが聞こえて、なにかがベッドに落ちた。

真っ黒な長い髪の毛の束だった。

思わず「うわッ」と跳ね除けると、そこにはもうなにもなかった。

退院するまで、気味が悪くてたまらなかったそうだ。

十五　モソモソ

稲田さんの趣味は鰻釣り。家の近くに狩野川《かのがわ》が流れている。ひと気のない草むらを歩いて、狩野川と黄瀬川《きせがわ》がぶつかるところで楽しむのが恒例となっていた。

このあたりは鬱蒼とした雑木林で藪になっている。川に出てポイントを見つけると、さっそく釣りはじめた。

しばらくしてリールを巻き、餌を付けようとヘッドライトを点けた。背後は藪だ。餌を付けながら何気なくふり向くと、藪の中に小さな光がふたつある。豆電球のような薄暗い光がぼんやりと見える。

ヘッドライトでそちらを照らすと、藪の中で、なにかモソモソ話をしている。なにを話しているのかはわからない。楽し気に、時折り笑いながら話し続ける。やがてフッとふたつの光は消え、しんと静まり返った。立ち去る足音も聞こえなかった。

表に出るまでは一本道。そこを通っていくと、ほかの釣り人がいたので誰か来なかったか訊ねたが、ずっとひとりで通る者はなかったという。

この時のできごとを、稲田さんは自身が経営する居酒屋で客相手に話していた。店内には数人の常連客がいて、聞き入っている。

「あれは何だったんだろう」

するとモソモソモソモソ……

壁に手をついて話を聞いていた客の脇の下から、見知らぬ女がふたり、顔を覗かせて笑いながらなにか話している。

姿は一瞬で消えたが、店内にいた客全員がその声を聞いていた。

十六　ズルズル

この居酒屋は、築五十年近い建物の一階に入っている。一階にはテナントが三つあり、二階はアパートになっている。

店をはじめるにあたり、隣の焼き肉屋に挨拶に行こうとすると、二階に続く今にも崩れ落ちそうな鉄骨の階段を、なにか影のようなものが上がっていくのを見た。

焼き肉屋の店主に菓子折りを渡し、聞いてみた。

「上、誰か住んでいるんですか」

「ああ。おばあさんだけ、住んでいるみたいですよ。四つん這いで上がっていくのを見たことがあるけど」

数日後、建物の前に一台の車が停まり、訪問介助の職員らしき人が階段を上がっていく。上のおばあさんのところだろうか。思い切って話しかけてみた。

「おばあさん、階段の上り下り、大変でしょうね」

職員はきょとんとした顔で、上のおばあさんはずいぶんと寝たきりで歩けないという。

稲田さんはその後も時々、階段をズルズルと上る影を見ている。

十七　持ち合わせ

臨死体験にまつわる話はよく耳にすることがある。きれいな花畑や川。向うから手招く先祖たち。後ろから誰かに呼ばれてふり向くと意識が戻る。ほとんどがこうだ。

ある男性は少し違った。

彼は風呂場で服を脱ぎ、全裸になったところで突然意識を失った。気づけば目の前には花畑と川があった。川には橋がかかっていて、その手前に受付のようなものがある。そこに行列ができていて順番待ちをしている。男性もその列について待っていた。

ようやく番がくると、受付の人物が「川を渡るためには金が必要だ」と言う。

男性は風呂場で服を脱いだので全裸だった。貴重品はリビングに置いてきた。

持ち合わせがないと説明すると、受付係に、

「金がないなら駄目だ。帰れ帰れ」

と、手で払われた。

(困ったな。どうすれば良いのか)

列を離れたところで意識が戻った。三途の川の渡し賃、がなくて救われたようだ。

十八　黒い人

龍二さんには同じ高校に通っていたひとつ下の仲の良い後輩がいる。後輩の家は学校から近いこともあり、たまり場になっていた。夜遅くまで大勢で酒を飲むこともあった。しだいに後輩は酒の量が増えて学校を中退した。仕事を探しても長続きしない。コンビニに行って酒を買っては酒盛りをしてへべれけになるまで呑む。しまいには金を貸してほしいとせがむようになった。

当然、人が離れていったが、龍二さんだけは彼を見放さずつき合っていた。

（まいったな）

財布の中身を見た龍二さんは、ため息をついた。あいつに貸した金の額は膨らむ一方だ。そろそろ返してもらわなければ困る。電話を入れると、「明晩、全額返金するから自宅に来てください」と言う。

後輩は、古い大きな家で祖父母と暮らしている。家庭の事情で両親は別な場所にいるらしいことは以前聞いていた。

鍵は開けっ放しになっていた。土間をあがり襖を開けると後輩は仁王立ちをしていた。

「どうした？」

「先輩。先輩の車に、誰かいますよ」

「は？」

「黒い人影が見えます」

玄関から顔を出して車を見たが当然誰も乗っていない。

「お前、また酔ってんのか。怖いこと言うなよ」

「今日は飲んでないです。なんか、変なんですよ」

後輩は縁の下を覗いて、

「ほら、今、黒い人間がこの中に入っていきました」

地べたにはりついて中を見ている。龍二さんは後輩を引っ張って部屋の中に入った。

「しっかりしろよ。変なこと言うな。今日は金だけ返してくれたら帰るから」

「わかりました。おばあちゃんに借りてくるんで、待っててください」

龍二さんは車で待つことにした。しかし一時間経っても呼びに来ない。しびれを切らし、部屋へ行くと、後輩は本棚と壁の隙間を覗いている。

「なにやってるんだ」

「黒い人間がこの中に入っていったんで、捕まえようとしてるんです」

「お前さ、たいがいにしろよ。金、どうにかならないのか」

「明日までには必ず用意します」

後輩の目は泳いでいる。

「でも先輩、この家の中、黒い人間がいっぱい入ってきて、身動きがとれないんです」

――こいつ、この状況を切り抜けるために嘘をついているのか。

玄関を出る際にふり向くと、後輩は地べたに這いつくばって縁の下を覗いている。中から、黒い人影がぬるっと滑り出てきた気がした。

翌日電話をかけると、母親を名乗る女性が出た。

「今朝、用あって見に行ったら、あの子、倒れていて。救急車を呼んだんだけど、もう死んでいたわ」

突然死だった。死亡推定時刻は、龍二さんが後輩の家を出た頃だったという。

十九　見たい

「香川県と徳島県をまたぐ峠がどうしても怖いんです」

そう語る女性は、当時交際していた彼氏と友人カップルとでドライブを楽しんでいた。

香川県から徳島県に戻る時、ある峠にさしかかると、急に景色が変わった。

山道を走っていたはずなのに、窓の外に時代劇で見る棒手振の商人や籠かきが颯爽と通り過ぎていく。思わず運転している彼氏に、

「ごめん！　もう一回、今の道、戻って」

と言い、バックしてもらった。

友人たちは口を揃えて「どうしたの」と首を傾げる。この状況が見えていないらしい。

先ほどの道を通ると、やはり商人がいる。こちらには目もくれず、忙しそうに働いている。

「もう一回見たい。また戻って」

どうしてもまた見たいという衝動に駆られる。それを何度かくり返した。

何度目かで、ひとりの商人と目が合った。そこからの記憶がない。

後で友人に聞くと、あれだけ「戻って」と言っていたのに、最後は「もういいよ。帰って」と震え出し、急に黙り込むと眠ってしまった。家に着くまで、いくら起こしても目を覚まさなかったそうだ。

以来、女性は、あの峠が怖くてたまらないのだという。

二十　一一一号室

車の運転免許を取得するのに短期集中の合宿で、という人もいるだろう。

ゆうまさんは、某自動車学校で行われる二週間の免許合宿に参加した。既に中型免許は持っているので学科講習もなく、技術講習のみで良かった。

寮の部屋は個室か大部屋かを選択できる。大部屋の方が割安だが、個室にする。

初日、入校式に参加した後、管理人の案内で部屋に案内された。

一階の一一一号室。１Ｋでベッドと小さな冷蔵庫がついている。

疲れもあってすぐにベッドに横になった。

翌朝、喉の痛みで目が覚めた。声が出ない。体調は良いのに喉だけがおかしい。売店でのど飴を購入し、紛らわせながら一日の教習を終えた。

その日の真夜中、ふと目が覚めた。ベッド横にある冷蔵庫が開いていた。使っていないのにと思いながら、閉めて寝た。

三日目も夜中に目が覚める。また冷蔵庫が開いている。

五日目。喉が強烈に痛い。息ができない。口から泡を吹いていた。

――誰かいる。姿は見えないが、部屋の中に気配を感じた。

翌日、同期の教習生たちにこれまでのことを話すと、地元で通いの学生が言った。

「そういえばこの教習所の寮で自殺した子がいるって聞いたよ」

「えっ、マジで」

「悪い噂が立つといけないからって公にはなってないけど、確か一一一号室だったらしいよ」

まさに、ゆうまさんが泊まっている部屋だ。教習生が睡眠薬を飲んで縊死していたのを教官が発見したという。

ゆうまさんは即座に管理人室へ赴くと、怒鳴り声をあげた。

「人が死んだ部屋を貸すんじゃねえ」

高齢の管理人は目を泳がせ、すぐに別の部屋を手配すると言いながら出ていった。

「お祓いも済んで、盛り塩や供養もしているのにな……」

ひとり言のようにつぶやくのが聞こえた。

部屋を変えてもらったとたん、あれだけ酷かった喉の痛みはスッとひいた。

二十一　ぽわん

以前、千葉県に取材へ行った際、インタビュイーの奥様が「私もよろしいですか」と語ってくれた。

彼女が小学六年生の頃だという。

母親におつかいを頼まれて自転車で商店まで買い物に出かけた。その途中、仲の良いともだちの家がある。地元に昔から建つ大きな家で、裏は竹林になっている。その林には彼女の家の親族が葬られた墓がいくつかあった。

そこを通ると、墓の前に青い光が見えた。

なんだろう。気にはなったが、店が閉まってしまうので、そのまま通り過ぎた。

買い物を済ませてペダルを漕いで家路を急いでいると、また墓地に青い光が見える。

自転車を降りて、その光の方へ近づいていった。墓地の空間に、ぽわんと青い光が浮かんでいる。

人差し指を伸ばし、触ってみた。

さわさわした感触で温度はない。つついてもそれは壊れずに、ぽわんと浮かんでいた。

二十二　飛行

ＹｏｕＴｕｂｅのチャット欄にも火の玉に関する書き込みがあった。

現在九十六歳の女性がこどもの頃だというので、今からおおよそ九十年ほど前。ともだちと遊んだ帰り道に頭上を光る玉が勢いよく家の方向へ飛んでいった。こどもながらもなんとなく厭《いや》な予感がして走って帰ると、路地を挟んだ向かいのお姉さんが亡くなったと聞かされた。

まだ名古屋市中区に長屋が多く見られた時代のできごとだという。

二十三　教本

保敏さんはこどもの頃、両親、姉、祖父母と二階建ての一軒家に住んでいた。

信心深い家庭で、家には仏壇がふたつあった。祖父母の寝室横に仏間があり、そこにひとつ。もうひとつは二階のこども部屋に設置されていた。

小さな頃から家族がそれを「仏壇」と呼んでいたので保敏さんも疑うことなくそう呼んでいた。しかし、実際にあったのは祭壇であったことを大人になってから知る。

それはひな壇になっていて、白い布がかけてある。手前に白木の台が置かれ、その上には高炉、両サイドには蝋燭が立ててある。祭壇の真ん中には教本が置かれている。

中身を見たことはあるのだが、なにも書かれていない。ただの真っ白な本だった。

両サイドには白木の位牌のようなものがある。

誰からも説明を聞いたことがないので、いったいなにを意味するのかはわからない。

小さな頃からそこで寝ていたので、当たり前だった。しかし姉はそこで寝ることを嫌がっていた。仏壇が設置されている反対側には窓があり、姉は窓側に、保敏さんが仏壇側に布団を敷いて寝ていた。

ある夜、寝る直前になると、急に怖くなった。祭壇が怖くてたまらない。

保敏さんは姉に「今日だけ寝る場所を変わってほしい」と頼みこんだ。姉は「厭や」と布団を被って寝てしまった。保敏さんは諦めて祭壇に背を向け（眠ればすぐに朝が来る）と言い聞かせた。

真夜中、目が覚めた。

いつの間にか寝返りを打っていたようで、目の前に白い布が見える。祭壇側を向いていた。祭壇はまばゆい光を放っている。眩しくて目を開けていられない。

思わず布団を跳ね除けると、両親の部屋へ行き「起きて。祭壇が光っているよ」と揺り起こした。父親は面倒くさそうに眼を開けると言う。

「月明かりが反射しているだけやから、大丈夫や」

母も「そうやで。月明かりや。早く寝」と寝てしまった。

両親が言うのであればそうなのだろう。部屋へ戻ると真っ暗だった。

それから数分後、また目が覚めた。祭壇の一部が淡くぼんやりと光っている。

起き上がって祭壇の前に立つと、教本が開いている。なにも書かれていない白紙のページに、オレンジ色の淡い色でくっきりと三日月の形に光っている。

翌朝、姉に夜のできごとを話した。

「祭壇て、月明かりに反射するんかな」

「そんなわけないやろ」

確かにその部屋は坂道の下に位置しているので、構造的に月明かりは入ってこない。

三日月の光を見た数日後。小学校の図工の授業で小さな船を作る課題をしていた。

自宅から持参したかまぼこの板を好みの形に削って、そこに釘を一本刺してタコ糸と帆をつける。給食を食べ終えた後、プールにその船を浮かべることになった。

みんなタコ糸を持って各々の船を水面に浮かべていく。

その時、保敏さんは無性に走り出したい衝動にかられた。船を見ながら走ると、なにかに当たって倒れた。

プールサイドにボタボタと血が落ちて、プールの中にも流れていく。保敏さんは先生に抱き上げられて病院へ搬送された。

体操服は真っ赤に染まり、額を三針縫う怪我をしていた。

抜糸をしたあと洗面台で傷を確認すると、額に大きな三日月の形がくっきりと浮かんでいる。

現在五十四歳になった保敏さんの額には、今も三日月型の傷痕が残っている。

二十四　堺の路地裏

大阪府堺市のとある路地裏でのできごとだ。

四十数年前の夏のこと。

勉さんは当時、小学四年生だった。クラスのともだちが体調不良で学校を休んでいると聞いてお見舞いがてら遊びに行くことにした。

その頃、駅前周辺には小さな商店街がズラッと並び、路地裏がはびこっていた。

その一角にともだちの家がある。いつもは馴染みの路地裏をつたっていくのだが、なぜかこの日はスリルを味わいたくなった。入ったことのない別な路地に足を踏み入れた。

そこには見慣れない風景が広がっている。だんだんとアジアの路地裏のようになっていった。

長椅子に浅黒い肌のおばあさんたちが腰かけてなにか話していて、大きな葉っぱの房が家から出ている。

こんなところがあったんだなとキョロキョロと辺りを見渡しながら歩いていると、向こうから女の子が歩いてきた。涼し気なワンピースを着ているのだが、どこか不自由なのか躰をカクンカクンとさせながら歩いてくる。

あまり見るのも失礼だと思ってその子を見ないように通り過ぎようとした。やがて距離が近づいてくると、その子は止まって勉さんの耳元で言った。

「お前の顔、小っちゃいな」

ぎょっとして顔を上げると、浅黒く痩せた骨っぽい躰に、野球の硬式ボールほどの小さな頭が乗っている。あまりの小ささに驚いていると、女の子はまたもや「お前の顔、小っちゃいな」とニタニタ笑いながら勉さんの顔をのぞき込んだ。さも、なにか答えろと言わんばかりの勢いだ。

ふと見ると、いつの間にか女の子の後ろには母親が立っていて、同じようにニタニタ笑いながらこちらを見ている。勉さんは苦し紛れで出てきた言葉を投げつけた。

「あんまり、人の顔のこと言ったら、あかんねんで!」

母娘に背を向けて路地を猛ダッシュした。

遠くに抜け道が見える。そこに猫がいる。あの猫のところへ行けば表に出られるはずだ。夢中で走り抜けると、そこに通い慣れた道が現れた。

後日、近所の人に母娘のことを訊ね回ったが、そんなふたりは見たことはないとのことだった。

二十五　だいじょうぶ

祖父が老衰で入院している。優しくて大好きだった。

夜中、病院から電話があったので、父とふたりで急いで向かった。

夜の病院は初めてだ。薄暗い廊下を父と手をつなぎながら病室を目指していると、視線の先に黒い人影が見えた。

背中を丸めたおばあさんのようだ。近づいていくと、それはこちらにふり向き、スーッと飛んできた。

「パパ、なんかおるよ」

「そんなもん、おらん」

いや、いる。今にもぶつかりそうだ。肩をすくめると、耳元でささやかれた。

――連れていくぞ。

反射的に手を握ると父もぎゅっと握り返した。

黒い影はこちらを見ながらすり抜けていった。

祖父の葬式が終わり、火葬場へいくと、火葬炉の前に病院にいた黒い影が佇んでいる。

父が手を握ってきた。

「だいじょうぶ。だいじょうぶ」

病院では「そんなもん、おらん」と言っていた父だったが、どうやら同じものが見えていたようだ。

二十六　怖《こわ》う

私の弟は、古美術を扱う仕事をしている。老朽化で間もなく取り壊しになってしまうが、東京の両国に店舗を構えて販売と展示を行っている。

二〇二三年の夏に同業の骨董屋たち数人と合同で、怖いとは何なのかを問うというコンセプトの「怖う」という名の展示とイベントを行った。ゲストには呪物コレクターの田中俊行さんを招いて、大変盛況だったらしい。

基本的に彼は骨董品を「呪物」としては見ていない。あくまでも古い物として扱い、その物のなにが怖いのか、に重きを置いているので、その「物」に曰くがあろうがあるまいが特に気にしないスタンスだ。

昨今、怪談イベントが多い中、少し変わった視点の展示会だったことで、雑誌の取材もいくつかあったようだ。

ちょうど本作を執筆している最中、弟から電話がかかってきた。夏の展示の労いの言葉をかけ、二度目の開催を考えているかと訊ねると、一瞬間があった。

展示会の期間中、主催の仲間たちが毎日奇妙なことに見舞われたのだという。

その中のひとり、Iさんという方は、両国へ向かう前に某駅に立ち寄った。以前勤めていた会社が近くにあったので、見に行くことにしたという。その時、たまたまとあるアパートの前で足が止まった。そこは未解決事件の殺人現場となった場所だった。テレビの報道でよく見ていたのでよく覚えていた。被害者の遺体が発見されたとされるそのアパートの一室の窓がほんの少しだけ開いている。そこからガリガリにやせ細った異様に長い手が、だらんと出ている。すぐにスマホで撮影をしたのだが、もう一度顔を上げると手はもうなかった。

「Iさんは特に懐疑派だったよね」

「そう。そんなことがあっても信じていないみたい」

「それだけでなにも起こらなかったなら良かったね」

「あったよ。うちのマンションで」

Iさんが奇妙な手を見たのとは別で、弟夫婦が住んでいるマンションでは、ある騒ぎが起こった。

近所で女性の悲鳴が聞こえる。なんだろうとふたりで顔を見合わせると、玄関のドアが激しく叩かれた。

「助けてください」と叫んでいる。直後、窓の外からドンと大きな音が聞こえた。

マンションの住人が屋上から飛び降りたのだ。

「今までこんなことなかったし、たまたまかもしれないけど、ちょうど怖い展示会の期間でそういうのが重なったから、どうしようかな。来年」

開催を考えあぐねているようだ。

二十七　相槌

山下さんはいつもと違う山道へ入ったことを後悔していた。

真っ暗で対向車も後続車もまったくない。カーラジオからは馴染みのパーソナリティの声が聞こえている。その声にかぶさるように、女性の相槌《あいづち》のようなものが聞こえる。

「うん。そうね。そうだよね」

混線だろうか。ラジオのスイッチを消した。

「うん。そうね。そうだよね」

女性ふたりの声が後部座席から聞こえる。

友人に電話をかけて状況を説明すると、「くだらん電話をかけるな」とすぐに切られた。

大通りに出るまで肝を冷やした。

翌朝、出社すると滅多に話しかけてこない事務の職員が話しかけてきた。

「あの、すみません。山下さん、車の方たち……良いんですか」

なんのことだろう。

「私が出社した時から、車であの方たち、ずっと中でおしゃべりしてますけど、あのまま放っておいても良いんですか」

二十八　奥さん

　母親とデパートに出かけていた久美子さんは、買い物を済ませるとエスカレーター方面に向かって歩いていた。日曜日で来客も多く、賑わっていた。

　下りのエスカレーターが見えてくると、下から知り合いが上がってくるところだった。父が経営する会社の取引先の奥さんで、昔から家族ぐるみでお世話になっている佐藤さんだ。久美子さんは幼い頃から可愛がってもらって、家を訪れるとよくジュースやお菓子をもらっていた。引っ越しを機に疎遠になってしまって、ずいぶん久しぶりに会う。

　すれ違いざま「こんにちは」と声をかけると、佐藤さんはまっすぐ前を見据えたまま、返事もせず通り過ぎていった。何度か声をかけてみたが、一度もふり向くことなく行ってしまった。機嫌でも悪かったのだろうか。気づかなかったのだろうか。

「佐藤さん、どうしちゃったんだろうね」

「前はおしゃれでいつもきれいな恰好をしていたのに、家にいるような服だったね」

　帰宅後、デパートでの佐藤さんの話をしていると、祖父が言う。

「おいおい、佐藤さんのところの奥さんなら、一か月前に亡くなったぞ」

言われてみれば顔色も悪く真っ白だった。

祖父の話によれば、近所の顔見知りも佐藤さんの姿を度々目撃している。庭で草むしりをしていたので「精が出ますね」と声をかけたが、顔も上げず、黙々と作業を続けていた。

いた。通り過ぎたところで亡くなっていたことを思い出す。

最近、新築を建てたばかりで、心残りなのではないかと祖父は言っていた。

二十九　息

病院の診察時間が迫っていた。
急ぎエレベーターに駆け込み「閉」のボタンを押した。
誰もいなかったので「ギリギリセーフ」と独り言ちると、耳元で息遣いが聞こえる。

はぁ、はぁ。

今、誰か、乗ってる。

三十　原因

ゴルフコンペが開催された日のことだ。

運悪く、同じパーティで回っていた参加者のクラブが目の下に当たり、眼球が飛びだした。

新築を建てた際、裏庭に蛇の巣を見つけたのでそれを壊した。そこにいた蛇の頭を潰したことが原因だろうと容易に想像ができた。

三十一　アロマエステ

無料クーポンマガジンをめくっていると、赤羽のエステサロンが掲載されていたのが目にとまった。一五〇分間で一万円以下という価格にも魅了され、予約を取った。

赤羽駅で下車するのは初めてだ。サロンは商店街の一角にある雑居ビルに入っていたが、建物の外観を見てテンションが下がる。

「うわ、外れかな」

店内に入ると片言の日本語で案内され、施術台にうつ伏せになった。背中にアロマオイルが塗布され、左側の肩甲骨を、ぐりぐり、ぐりぐり。

おもむろに右腕が宙に上げられた。驚いて見ると、右側には誰もいない。従業員は左側に座り、施術をしている。思わず足をバタバタさせると「どうしたの」と聞かれた。

その後も誰かに躰を触られる感覚が止まなかった。

このビルで、飛び降り自殺があっただなんて、聞いていなかった。

後で知った女性は、「二度と行きません」と、鼻息を荒げて語った。

三十二　三本

絵美さんが彼氏とドライブをしていた時だった。

彼がしきりにお腹のあたりを押さえている。

「お腹、痛いの？」

「いや、全然。なんで？」

だって、さっきからお腹のところを押さえているよね、と言いかけたところで気がついた。彼の腕が三本ある。

「後ろ、向かないで運転してね」

絵美さんが伝えると、彼氏は反射的にふり向いてしまった。後部座席から白い腕が伸びていた。

帰宅後、部屋に入るなり彼は倒れて、床を掻きむしりながら叫び出した。

咄嗟に壁に貼ってあったお札を剥がすと、後ろ手に持って彼に近づいた。

すると、床を掻きむしる手を止めて彼は顔をあげる。

「それを近寄らせるな！」

血走った目で絵美さんを睨みつける。お札を彼の背中に投げたところ、彼はバタンと倒れていびきをかいて朝まで目を覚まさなかった。

後で聞いて見ると、車で後ろを向いたところから、まったく記憶がないという。

「直感でお札を投げつけたんですけど、効果があったみたいです」

ははは、と絵美さんは苦笑いをした。

三十三　会合

ある晩、話し声で目が覚めた。数人がなにか話をしている。どうやら和室の方からのようだ。襖を開けると、六人の老人があぐらかいて円を作ってひそひそと話している。

「そろそろ、連れて行くべね」

「この家、もう一頭、いたじゃろ」

「でもあれは、若いからまだまだ大丈夫だから、こっちだけ連れていくべね」

数日後、飼い犬の一頭が突然、死んだ。

三十四　耳

沖縄のうるま市に住む誠さんが、職場へ行く時にいつも原付で通る公園がある。そこには石垣があり、ブランコや遊具も設置されている。

その日は休みで、夜中にパチンコを打ちに行くことにした。原付に乗り、公園前にさしかかると、石段に女の子がひとり座っている。おかっぱ頭でブラウス姿、ランドセルを背負っている。こんな真夜中にどうしたんだろうと気になったものの、声はかけずにそのままパチンコ屋に行った。

帰り道。今度は公園近くの墓地が密集している所に、さっきの女の子が、ちょこんと座っている。女の子は一瞬こちらをチラっと見た。この時も誠さんは声をかけずに帰宅した。

翌日、模合《もあい》という集まりがあった。気心知れた仲間が集まりお金を出してお酒を飲む沖縄ではポピュラーな会だ。帰りはタクシーに乗った。ちょうど、公園前を通ったので、誠さんは運転手に話しかけた。

「昨日ここで変な女の子に会ったんですよ」

「ああ、おかっぱの子？　よくいますよ。運転手の中では有名ですから」

運転手も見たことがあるという。

「ネグレクトとかですかね。真夜中にひとりですもん」

「いや、人じゃないよ」

「え？」

それを聞いて、昨夜感じた少しの違和感の意味がわかった気がした。ドライバーたちの間では有名らしい。ただし、後ろ姿しか見たことがないという。

誠さんは昨夜、女の子と目が合っている。急に怖くなった。

「自分……目が合いましたよ。みなさん、後ろ姿しか見てないんですか」

「お兄ちゃん、だいじょうぶ？　怪我とかしてない？　顔見た運転手もいるけどね、必ず事故するんだよね」

怪我はしていないが、変な話を聞くんじゃなかったと後悔した。

帰宅後に起こったことを誠さんはほとんど覚えてない。妻から聞いたことだ。

帰ってきて布団に入った誠さんは、突然起き上がって外へ出ていった。妻が気がついて後を追う。

「誠、どこ行くの？　たばこ？」

話しかけてもなにも応えず、視点も合わない。

誠さんは、あの公園内へ入っていった。

「あんた、なんでそこに入っていくの？」

後を追って声をかける妻を無視したまま、誠さんは公園の石垣のあたりで行ったり来たりをしながらなにかブツブツとつぶやいている。その一部始終を妻は動画に収めた。

そして、薬物の使用を疑った妻は警察に通報した。

パトカーが到着し、数人の警官がきた。

「お兄さん、なにしてるの？　こんな夜中に」

誠さんに話しかけて様子を見た警官は、薬物でもアルコールでもなさそうだと首を傾げる。その時、ひとりの警官が「女の子いるね」とつぶやいた。その人に誠さんは肩を掴まれて、我に返った。

誠さんはきょとんとしたように立ち尽くした。布団で寝たはずなのになぜここにいるのかさっぱり理解ができなかったからだ。

その後、改めて薬物検査をしたがなにも検出されず、明け方に帰宅した。

妻が撮影していた動画を見ると、誠さんは「耳、耳、耳、耳」とつぶやいていた。

翌々日の深夜、誠さんはまた原付でパチンコ屋に行った。公園前にはあの子が真正面を向いて座っている。目を合わさないように通過した。

その夜は滅多にないくらいボロ勝ちした。帰り道に浮かれ気分で運転していると、女の子が座っているのに気がついた。油断をしていたせいか正面から目が合ってしまった。

いつの間にか意識が飛んでいた。

気がついた時には救急車の中だった。起き上がろうとすると、救急隊が慌てて制止する。服が赤く染まっていた。左耳が半分ちぎれていたようだ。痛みは感じない。

治療後、警察が事情聴取にやってきた。数日前、公園にきた同じ警官だった。

犬の散歩をしていた人が、誠さんの事故を目撃して通報したのだという。

その目撃者によると、バイクの後ろに女の子が乗っていて、そのまま一直線にガードレールに突っ込むと、グリップを握り左耳をこすりながらコンクリートを横にスライドしたのだという。

事故現場は、先日誠さんが「耳、耳、耳、耳」とつぶやいていた場所だった。

警官は声を潜めて誠さんに言った。

「お兄さん、こんなことを言ったらダメかもしれないけど、お祓いへ行った方がいい」

今回のインタビューに当たり、当時の動画が残っているか伺うと、

「あります。今お見せしますね」

と言いながら、携帯の動画をスライドした。

「あった、これだ」

再生ボタンを押したが、なぜかその動画ファイルだけは再生ができなかった。

三十五　金神

その男性はシャツをまくって右腕を見せてきた。肩のあたりから手首まで鮮やかな刺《い》青《れずみ》が入っている。

「ほらこれ、ちょっと見て。きっかけは、恨みとか、災難とか、そういった不幸を跳ね除けたいなって思いで入れたんですよ」

刺青を入れた当時、高校生だった男性は手のつけられないほどの不良だったという。母親が七人も変わり、酷い虐待を受けていた時期もある。だらしない父親にうんざりしていた。耐えかねた男性は家を飛び出し、アパートを借りて独り暮らしをはじめた。知り合いのつてで彫り師のところへ行くと、あるデザインに心が奪われた。

「陰陽道の七人衆のひとりで、金神っていう鬼がいるんです。その鬼は祟り神で、金神七殺っていう意味があって、鬼の行く手を阻むと七人死人が出るという言われがあるんです。ひと目見て気に入って、これでお願いしますって頼んで帰ったんですけど……」

「けど？」

「後日、彫り師から電話があって、やっぱり金神は祟り神だから、これを入れたことによって性格が凶悪になったり、災難や不幸が降りかかってきたら困るから絵柄を変えた方が良いんじゃないかって説得されたんですね。仲間にも反対されました。だけど、俺の考え方は違うんです。自分に降りかかる災難すべてを逆に呪ってやる！　背負ってやる！　っていう思いで、結局、彫ってもらうことにしました。俺の決意が固かったから、彫り師の兄さんも覚悟を決めてくれて。手袋をする時にね、中にお守りを仕込んで彫ってくれたんですよ」

その刺青を入れたあと、男性の顔つきは、ガラッと変わったという。

彫り師の言っていたようになったのかと問うと、その逆だという。

「すごく穏やかな顔になったって言われるようになりました。金神が、ぜんぶ跳ね除けてくれたんです。ほんと、良いことがメチャメチャ続いて」

「それは良かったですね。たとえばどんなことですか」

「親父と女が、これ彫った直後、同じ日に死んだんですよ。身内も一家全滅しましたね。恨み続けて良かったなー。ほら。すっげえ良い刺青でしょ」

三十六　寄宿舎

藤井さんは、高校から盲学校の寄宿舎に入った。親元を離れ、同じ境遇の生徒たちとの合同生活がはじまる。

ある晩、目が覚めた。部屋の隅でひそひそと誰か話をしている。男女のようだ。なにを話しているのか耳をそばだてる。

「私たちは、ここで死にました――」

ここは、ひとり部屋だ。

三十七　渡り廊下

あの声を聞いた時から、不思議なことが続いた。校舎の渡り廊下を歩いていると、角のところからせり出すような恰好で、女の子が立っているのが見える。視力はほとんど落ちているが、その子の姿ははっきりと見える。ところがそこへ行くと、ふっと消えてしまう。

友人にそのことを話すと、「お前にも見えていたんだ。良かった」と安堵した様子で胸を撫でおろした。

教師にも伝えたのだが、この学校ではよくあることらしい。当直の教師たちも何度も背中を押され、足をかけられることもある。

「気をつけろよ」

肩を叩かれたが、聞かなければ良かったと後悔している。

三十八　穢れ

とある寺で法会が行われていた。

三十名ほどの熱心な信者たちは「願いが叶いますように」と手を合わせ拝んでいる。

本堂には不浄や災難を除去する神「かまど神」三宝大荒神が祀られ、内陣には法会の主催を務める導師が真ん中に、左右に三名ずつの式衆が座っていた。

祭壇の真ん中には真鍮製の独鈷杵が供えられている。二メートルほどの大きな物から二、三十センチ程度のものがいくつかあった。

神様を呼んでいた最中のこと。

突然祀られていた独鈷杵が飛びあがり、高炉の中に真っ直ぐに突き刺さった。同時にお供えの大根は真っ二つに割れる。続いて天井の吊り灯籠がふたつ同時に落下し、ひとつが真下にいた僧侶に当たった。

本堂内は「神様の祟り」だと騒然となった。

その日の朝、大師から信じがたい指示があった。

「式衆が足りないから、誰でも良いから座らせておけ。法衣を着させて奥に座らせておけば誰も気づかないだろう。見栄えさえ良ければいいんだ」

内陣に座った式衆の中に、偽物の僧侶がいたことになる。選ばれたのは過去に自殺未遂を経験したことのある事務員の男性だった。

彼の上に灯籠が落下したのだ。

「三宝大荒神は穢れを嫌う怖い神様でもあるんです。仏様と違って、神様は人間になったことがありません。下手なことをすると祟りが起こるということを、目の当たりにしました」

以前、寺にいた僧侶の男性はそう語った。

その寺は今はもうない。数々の詐欺まがいのようなことが次々に発覚し、裁判所から解散請求をされ、廃寺となった。

三十九　信号待ち

梅田駅交差点で信号待ちをしていた明さんは、赤信号にもかかわらず、向こうから誰か歩いてくるのを見た。

危ないなとよく見れば、それは四メートルほどの黒い影だった。

それが車をすり抜けてこちらに近づいてくる。

影は横断歩道を渡り終えると、明さんのすぐ前に立つサラリーマンの横に立ち、頭の先から手刀を切った。

サラリーマンは、ふらふらと車道に出て倒れ込み、そのまま車に轢《ひ》かれた。

影は明さんに向かって口元に人差し指を当てると、どこかへ去っていった。

四十　花束

一時、サーフィンにハマってた時期がありまして。よく夜明け前に海に行ってましたね。

ところで、この話、知ってます？　サーファーの話。聞いたことあります？　有名ってすよ。

車で夜明けを待って寝ていたら、窓を叩かれたんですって。三時か四時くらいに。運転席のところを叩かれて目を覚ますと、ウエットスーツを着てサーフボードを持った十七、八歳くらいの男が言うんです。

「いい波、来てますよ」って。

少し窓を開けて、

「ありがとうございます。自分たちは六時くらいに行くんで、どうも」

そう言うと、男は海の方へスタスタと歩いていった。

窓を閉めてまた寝ると、三十分後くらいにコンコンと音がする。なんだよ、せっかく寝たのに。目を覚ますと、さっきの男。

「いい波、来てますよ」

「ああ、さっき聞きましたんで。ありがとうございます」

なんだあいつ。さっき来たよな。

だんだん気になってきてね、またノックされるんじゃないかって。

そのうち陽が上ってきたんで浜辺に行くと、なんだか騒がしいんです。ふだんなら七、八人のサーファーがいるくらいなのに、二、三十人が集まっている。テレビの撮影でもやっているんだろうかと思ったんだけど、パトカーや救急車も来ている。

ボードを砂に刺して、駆け寄っていって野次馬の間に顔を突っ込んだら、担架にウエットスーツを着た若い人が横になってて、警察がなにかメモを取ったりしている。

その人、さっき窓を叩いた人だったんです。

浜辺で犬の散歩をしていた人が通報したらしいです。

「窓を叩かれた時点で、すでに死んでたんじゃねえの？　いい波来てますよ、じゃなくて、ホントは早く見つけてってことだったんじゃねえの？」

そんなことを言って盛り上がったっていう話ですよ。

で、ここからは、俺らの話なんですけどね。

二十歳くらいの時、ダチと四人で車にボードを積んで海に行ったんです。深夜に出て、夜明けを待ってサーフィンをして、朝、八時か九時くらいに海から上がって帰り道、海沿いを運転していると、ダチが「しょんべんしてぇ」って言うんで、路肩に停めました。

砂除けのところ、林みたいになってるところが、一メートルくらい斜めになってて、下ったところにガードレールがあるんですけど、奴ら、その間を跨いで用を足しにいったんです。

俺は運転席で待ってました。で、何気なくタバコ吸って助手席の方を見たら、ガードレールの上に、花が見えたんですよ。なんていうんですかね。事故に遭った時とかに、よくお供えする白い紙に包まれたやつ。その花が見えたんです。それがね、空中に浮いてるんですよ。

UFOみたいに。ふぁんふぁんふぁんふぁんって感じで動いてんの。午前中の明るい九時くらいですよ。心霊って夜じゃないんですか？　紫の菊の花と黄色と白い花が浮いてて、窓に当たって、ふっと消えちゃった。

そうしたら、ちょうど下からダチが上がってきたんで、下になにかなかったか聞いたんです。

「なにもねえよ。なんで？」

今見たことを説明したら「バカじゃねえの？　んなこと、あるわけねえだろ」と言われてね。カチンと来て、車下りてガードレールの方まで行って見たら、端の方に枯れた、お供えの花があったんですよ。萎れて、ドライフラワーみたいになってたんだけど。ビビりましたね。あいつら、その花にしょんべんかけたみたいなんですわ。手、合わせさせましたよ。

花、めっちゃキレてましたよ。花束の中に、目があったんです。マジで怖かったです。

花束が浮かぶなんてこんな話、信じてもらえます？

四十一　借家の窓

神奈川県のとある町に六軒並んで建っている平屋の借家がある。

なぜか一番手前の家だけ、入ってもすぐに人が出てしまう。現在も誰もいない。

男性は妻と娘と三人で歩いてラーメン屋に行った。借家の前を通ると掃き出し窓がすべて開いている。奥に台所があって大工がふたりいるのが見えた。

「やっとここ、入居者決まったんだね」

その帰り道、借家の窓を見ると雨戸が一枚閉まっていて、そこから中年女性が顔を出して無表情でこちらを見ている。

「なんだ、あいつ」

家を通り過ぎて少しすると、妻が「あれ、人じゃないよ」と言う。

「は？　今、真昼間だぜ」

「あなた、よく考えてみて」

そう言われて思い返すと、窓から顔だけが出ていて、肩も胴体もない。

頭だけが空中に浮かんでこちらを見ていた。

四十二　食いしばり

誠さんは彼女を連れて友人の家を訪ねた。

忘年会という名目で集まったのだが、自慢の彼女を紹介したかったのだ。

酒を飲みながら談笑していると、突然、彼女が胸のあたりを押さえて歯を食いしばりながら苦しみだした。その姿を見て誠さんの脳裏に「人形」という文字がよぎった。

救急車を呼ぼうとする友人を制し、押し入れの中を見せてほしいと襖を開けた。

下段の右にダンボール箱がある。蓋を開けると中には雛人形が入っていた。歯を食いしばるような形相でこちらをじっと睨みつけている。

そんな男雛と女雛を出し、その前に酒を置いてしばらくすると、頬のあたりに薄っすらと赤みが差し、穏やかな表情に変わっていく。

彼女も落ち着きを取り戻した。

四十三　訪問

「○○さんのところ、一家心中したみたいよ」

食事の最中、妻が怪訝な表情で言う。テレビを観ていたので名前を聞き取れなかった。

「誰だって？」

「だから、うちのタカシと同じクラスの○○君て、いたでしょ。昨日の夕方、橋の下に停めてあった車の中で家族みんな、亡くなっていたんですって」

「いや、あの子なら昨日――」


昨日の夕方、玄関先で声がした。

「おじちゃん、タカシ君いますか」

遊びに出かけているよと言うと、その子は無表情のまま返事もせず佇んでいる。

その子が訪ねて来たのは、橋の下で車が発見された同時刻だった。

四十四　引っ越し

幸人さんは、両親と祖父母の家で暮らしている。

ある夜、二階の部屋でテレビを観ていると「ユキ」と誰かに呼ばれた。

一階に下りて家族に聞いても、誰も呼んでいないという。

その日を境に、変なことが続いた。

夜、首が苦しくて目が覚めた。誰かに絞められたような指の感覚がある。

また別の日。応接間で深夜ドラマを見ていると、どこからか視線を感じる。茶の間につながる扉と洗面所の扉はガラスの引き戸になっている。そのあたりから見られている感じがした。首を伸ばして見ると、知らない女が立ってこちらを見ていた。

そのことを母親に話すと、霊感があるという知り合いの女性を連れてきた。

女性は部屋に入るなり「寺町だから霊道になっている」と言う。祖父母の部屋の鏡が通り道になっていて、そこから女が入ってくると言った。

これといった対処法もないようで、女性は家を出ていった。

母親が車で送るというので玄関先で見送ると、後部座席の真ん中に女が一緒に乗っているのが見えた。車は既に動き始めたので電話をかける。

「女の人、連れていったよ」

母親はすぐに女性に伝えたが、どうやら見えていないようで、

「いないわよ。だいじょうぶ」

と、笑っていたそうだ。

彼女には霊感がないのだなと幸人さんにはわかったのだが、本当に見えるのは彼女の娘だったようだ。女性が帰宅するなり悲鳴をあげた。

「やだ。お母さん。幽霊連れてきた」

女の霊は、幸人さんの家からは引っ越したようだ。

四十五　成績表

夏美さんが小学生の頃、実家の古い蔵に入って遊んでいると、上から紙がひらひらと落ちてきた。拾ってみると、かなり古い中学校の成績表だった。

祖母に見せると若くして亡くなった祖母の伯父のものだという。その日はその方の命日だった。

四十六　死んでない

昔、遠い親戚筋のお兄さんで、とても優しかった人がいたことを八重さんは思い出していた。

「八重ちゃん、八重ちゃん」と頭をよく撫でてくれた。

優等生な上、端正な顔立ちをしているので、女性から非常にモテたようだ。両親や身内からも将来を大いに期待されていた。

ところが彼は高校を出た頃、同じ村内にいる年上の女性と道ならぬ恋に落ちた。当然世間の風当りは厳しく、ふたりは駆け落ちした。

結局、生活もままならず心中したらしい。親戚としては身内の恥とされ、墓に入れることは許されなかった。

心中事件から数十年が経つと、お兄さんの存在は記憶の彼方となっていた。

ある時、法事で久しぶりに大勢の親戚が集まることになった。

思い出話に花が咲く。夜遅くまで酒盛りが続き、誰からともなくあの話にもなった。

未だ親戚の間では身内の恥だと語り草となっている。

その晩、八重さんは夢を見ていた。

お兄さんが頭を撫でながら微笑《ほほえ》みかけてきた。

「八重ちゃん、こんにちは。僕は死んでないんだよ。今、○○という名前で、小学生として楽しく暮らしているんだ」

そこで目が覚めた。あまり聞いたことのない珍しい名前を言っていた。

八重さんは朝食時に、夢のことをみなに話した。すると、心中をしたお兄さんに近しい親戚の人が、テーブルに箸を落とした。

「うちの子だ」

四十七　先回り

北海道で家族四人で暮らす恭子さんは、二十五年前の夏、こんな体験をした。

珍しく夫が家族旅行をしようと言いだした。

中学二年生の長男、小学六年生の次男にも日程を伝えたのだが、兄はちょうど思春期真っ只中。反抗期で、「そんなところ、行くかよ」と突っぱねられた。せっかく休みを取ったので、彼には一日留守番を任せて三人で家を出た。

一家は当時、旭川市に住んでいた。自宅から車で帯広方面に三時間ほどの場所にあるリゾートホテルに予約を入れる。冬場はスキーやスノーボードを楽しむことができて、夏場はキャンプやゴルフができる人気の観光ホテルとなっている。

客室に入ると、窓の外は一面山で絶景が広がっていた。風呂に入って食事をして、床についたのが夜の十一時頃だった。シングルベッドが三つ並んでいて、恭子さんは真ん中で眠ることにした。旅の疲れもあり、すぐに瞼《まぶた》が重くなった。

突然目が覚めた。誰かベッドに腰かけて恭子さんの髪の毛を撫でている。

櫛のようなもので、髪を梳《と》かされている。

夫がふざけているのかと思ったが、なんだかおかしい。

手を動かしながら、顔を寄せてくる。

まったく知らない若い女が、恭子さんをのぞき込んだ。思わず目を閉じる。

(誰? どこから入ってきたの? 不審者?)

夫を起こそうと目を開けた。今、目の前にいた女が天井にはりついている。右手になにか掴み、それをふりかざしながら、まるでクモのようにするすると下りてきた。

「きゃっ」

悲鳴をあげると、夫と次男が飛び起きた。

「誰かいる」

女の姿はなかった。

「お母さん、髪、どうしたの?」

次男に言われて髪に触れると、途中で不自然にぶっつり切れている。

シーツの上に髪の毛の束がごっそり落ちていた。

櫛で髪を梳かされていると思ったが、どうやら違うようだ。

剃刀で髪を梳かされていたらしい。

夫はいつも電動剃刀を使っているので、この日も自宅から持参していた。次男は小学六年生で使っていない。

洗面所のアメニティを見に行くと、誰も開けていなかったはずの新品の剃刀の封が開いていて、髪の毛がついた状態で置かれていた。

気味が悪い。真夜中ではあったが、荷物をまとめてホテルを後にした。

自宅に戻ったのは午前三時頃のことだった。

明け方、外が少し明るくなってきた頃、長男の部屋から悲鳴が聞こえてきた。

扉を開けると、長男は頰を押さえながら震えていた。指の隙間から血を流している。

「あんた、どうしたの?」

「知らない女が天井から落ちてきて、刃物でやられた」

ホテルでのできごとは伝えていないのに、恭子さんと同じ状況を言う。

長男の頰にはまるで剃刀で切られたような傷があった。


——私も息子も、その女を見たのはそれきりです。なんのオチもありませんし、原因もさっぱりわかりません。でもね、長男には叱られました。

「母さんたちが帰って来る少し前に、誰かが階段を勢いよく駆け上がってくる足音が聞こえた。帰ってきたんだと思ってたら、それっきりなにも聞こえなくなった。車のエンジン音と玄関の鍵が開く音が聞こえたのは、足音が聞こえてから結構あとだった。先回りしてんじゃん。だからあそこには行きたくねえって言ったんだよ。気持ち悪ぃモン連れて帰って来てんじゃやねえよ」

長男は血に染まった頬を押さえながら、恭子さんを睨みつけたという。

今も人気のリゾートホテルでの話だ。

友

友

「あなた、こども生まれたでしょ」
香さんが赤ちゃんを出産して退院してきた日のこと。
久しぶりに友人から電話がかかってきたんです。
不妊治療の病院で出会った仲だったのですが、
先に彼女の方が妊娠をして、病院を卒業してからは疎遠になっていたんです。
実に四年ぶりの電話でした。
「どこで私の出産を知ったの?」
香さんが聞くと彼女はこう答えたそうです。
「あんたの生霊が毎日家に来てたもの。怖い顔で。
でも今月、初めてニッコリ笑って出てきたのを見て、
やっと生まれたんだなってわかったのよ」
まったく自覚はなかったそうですが、
香さん、気づかぬ間に生霊を飛ばしてしまっていたようです。

四十八　ホワイトラビット

夏美さんはある日、大学への通学途中で信号無視のバイクと接触し、意識を失った。

その時の記憶はほとんどないものの、ある夢を見たことだけは今でもはっきりと覚えているという。


広い空間にぽつんとひとりで佇んでいると、目の前を真っ白な兎が一羽、横切った。

後を追うと、兎は時折り立ち止まってはこちらをふり返る。

目が合った時だった。

「ラビット、ラビット、ホワイトラビット」

兎はそう言って立ち去っていった。

そこで目が覚めた。病院のベッドの上だった。一週間近く、意識不明だったらしい。

ベッド脇には、幼馴染がいて、

「良かった！　幸運を運んできてくれた」

そう言って涙を流した。

彼女は日英ハーフで、イギリスの大学へ通っている。夏美さんの事故の話を聞いて日本へ駆けつけてくれたらしい。

イギリスでは、毎月一日、その日のはじまりに「ラビット、ラビット、ホワイトラビット」と口にすると幸運が訪れると言われている。

昏睡状態に陥っている親友の枕元で、すがる思いでそのおまじないをつぶやいたところ、目を覚ましたのだという。その日は偶然にも一日だったそうだ。

四十九　千夏ちゃん

啓太さんの家庭は転勤族で、度々転校をくり返していた。小学校でできたともだちとも卒業を機に別れて、知り合いのいない学区の中学校に入学した。

思いのほか、すぐにともだちはできた。その中で、自分と同じように別の学区から来ていた千夏ちゃんという子がいた。境遇が同じだったせいか、気が合う。

ふたりは四月の終わり頃から登下校を共にするようになった。

彼女は底抜けに明るい。

「啓太君」

後ろから声をかけられてふり向くと、誰もいない。気のせいかと前を向くと、目の前に千夏ちゃんが立っている。お互いの鼻先がくっつきそうな距離だ。

「驚いた？」

千夏ちゃんは舌を出して無邪気に笑う。

ゴールデンウィークも明けた五月の下旬頃から、互いの家を行き来するほど友情は深まっていった。

彼女の家の隣には小さな商店がある。啓太さんがそこでジュースやお菓子を買っている間、千夏ちゃんは先に部屋の片づけをしに帰る。

ある日、啓太さんは千夏ちゃんの部屋でジュースを飲みながら、ポケットの中から紙を取り出した。それは最近、母がはまっている写経だ。

「般若心経って知ってる？　これ、どっちが早く覚えられるか勝負しようよ」

「いいよ」

それから、毎日少しずつ暗記して、帰り道にどこまで覚えたかを披露した。

啓太さんが唱えると、千夏ちゃんは胸のあたりを押さえて苦しみだした。

ふざけているのだろう。ハハハと笑うと千夏ちゃんも笑う。

六月の終わりには、啓太さんは般若心経のほとんどを暗記していた。それを唱える度に、なぜか千夏ちゃんは苦しそうに胸を押さえる。しまいには道路に倒れ込んでしまった。

夏休みに入る少し前のことだった。

また啓太さんの転校が決まった。

夏休みの間、荷物を取りに学校へ行き、担任の先生に「千夏ちゃんによろしく伝えてください」と言うと、そんな子は知らないという。

容姿や住所を伝えても首をひねるばかりだった。クラス写真を見ると、そこに千夏ちゃんは写っていなかった。

帰りに千夏ちゃんの家に行くと、そこは雑草の生い茂る原っぱで、真ん中には石碑がひとつ建っていて、奥には崩れかかった倉庫があるばかりだった。

五十　商店

　ある日、店の中にひとりの男子高校生が入ってきた。

「こちらのお店の隣に、四年くらい前、家が建っていませんでしたか」

　隣の敷地には、家はない。真ん中に苔むした大きな石碑がぽつんと建っていて、奥には崩れかかった古い倉庫のようなものがあるばかりだ。

「昔からここで店をやっているけど、見てのとおり、石碑が建っているだけで、家はないよ」

　高校生は首を傾げ、店の出入口から隣の敷地を眺めている。

「じゃあ、四年くらい前に、よくここに中学生の男の子がきませんでしたか。いつも缶のオレンジジュースと紙パックのりんごジュース、ポテトチップスを買う男の子」

　思い返してみれば、そんな子がいた。

「ああ、よく来てたね。男の子がうちで買い物をして、そこの倉庫の上にひとりで登ってなにか話しながらジュースを飲んでいるのは見たことあるよ。あら、そういえば、あなた、あの時の子じゃない。気づかなかったわ」

目の前にいる高校生はかつて、いつも決まって夕方になると、この店に来ては同じ物を買って倉庫によじ登っていた。

なんだか楽しそうにひとり言をつぶやき、数分後には敷地に「バイバイ」と手をふって帰っていく。それをよく見ていた。

何度も声をかけたが返事をしなかった。

「僕、ひとりでしたか？」

高校生は何度も聞いて店を出て行った。

五十一　仲直り

ある時期から、夏美さんのクラスでは中心的存在のAちゃんが執拗にBちゃんをいじめるようになった。急に陰口を言ったり仲間外れにしたりと目に余る行動を取っている。心当たりのないBちゃんは戸惑うばかりだ。

みな、自分が巻き込まれないように助けようともしなかった。

夏美さんはおとなしい性格で、ふだんは積極的に発言しない方だった。しかし最近のAちゃんはあまりに酷い。我慢ができなくなった夏美さんは、みなの前でAちゃんを問い詰めた。

「なんでそんなことをするの？」

Aちゃんは怒って教室を飛び出ていった。彼女が出ていく時、背中に黒い靄《もや》のようなものが見えた。

その後、少しはおとなしくなったものの、相変わらずBちゃんの陰口は言っていた。陰口を言う時には決まって、黒っぽい靄がAちゃんを取り巻いている。

夏美さんは祖母にそのことを相談した。すると、「今度Aちゃんを家に連れて来て」

と言う。

さっそく日曜日に何人かのともだちに声をかけて、Aちゃんも連れてきた。こども部屋へ行こうとするのを祖母は呼び止めると、一階の神棚のある和室で遊びなさいと言う。しばらくお菓子を食べておしゃべりをしていると、祖母が襖を開けて、みんなで神棚の上のお供え物を変えてほしいと言う。

ふだんは家族でしているものなのに、なぜだろうと、夏美さん思った。こどもたちは席を立つと祖母からお供え物を受け取る。祖母はAちゃんにはお水とご飯の器を渡して「これは、あなたがやってね」と手を握っていた。

神棚のお供え物を交換したあと裏庭で遊んでいると、Aちゃんは急に「Bちゃんに謝りたい」と言い出した。

「きっと仲直りできるよ」

「許してくれるかな」

「じゃあ、神社の神様に手を合わせに行ってからBちゃんの家に行こう」

夏美さんたちは近所の神社を参拝し、お守りをもらってからBちゃんの家を訪れた。

ふたりが仲直りしたのを見届けると、晴れやかな表情で帰りだす。三叉路になった大通りにさしかかり、ここでAちゃんと別れた。

「気をつけてね」「また明日。バイバイ」

手をふって背を向けると「夏美ちゃん」と背後から呼ばれた。今別れたAちゃんが、勢いよく走ってくる。濃い黒い靄が煙のように彼女の躰に絡みついている。

横断歩道は赤だ。

「車来るから危ないよ」

大声で叫びながら、手で「止まって」とサインを送ったが、Aちゃんは走ってくる。速度を保ったまま一台の車が迫ってきた。

車が走り去り、Aちゃんは宙を舞った。引き攣った顔で夏美さんが駆け寄ると、そこにはさっき神社でもらったお守りが、中から破裂したようにめちゃめちゃになって落ちていた。Aちゃんの姿はなかった。

いったいなんだったんだろうと思いながら家に帰ると、祖母が神棚の水を下げていた。

「おばあちゃん、さっき変えたばかりなのに、なんで?」

「これで良いのよ」

器の水は炭のように真っ黒になっていた。

五十二　原っぱの子

インスタグラムに一通のメッセージが届いた。さっそくアポを取って話を伺った。

小学校にあがったばかりの頃、彼は尾道に住んでいたという。家の前は原っぱになっていた。彼は男性でありながら、男の人が苦手で、学校でも女の子と話している方が楽だったそうだ。

ある日、家の原っぱに、女の子が遊びに来た。歳は同じくらいで、ノースリーブのワンピースを着ている。会ってすぐに意気投合した。それから毎日いつも夕方になるとその子が遊びに来るようになった。花を摘んだり蝶々を捕まえたりして遊ぶ。学校から帰ってくると女の子はいつの間にか原っぱにいる。不思議なのは近所なのに学校で見たことがないことだ。

半年ほど経った頃。

「今度は僕が遊びに行くよ。いつも来てくれているから」

後日、教えてくれた場所に行くと、そこには大きな洋館が建っていた。門は閉まっていてツタや雑草が伸び放題になっていた。とうてい人が住んでいるとは思えなかった。

結局、会うことができずに帰った。

その日を境にその子が原っぱに来ることはなくなった。

いつかまた遊びに来てくれるだろう。毎日、庭で待ち続けた。しばらく経って原っぱのハンモックに寝ころんでいると、耳元で声が聞こえた。

「いつも遊んでくれてありがとう」

(やっと遊びに来てくれた)

しかし、女の子の姿はなかった。以来、その子に会うことはなかったが、その頃から男の子とも自然と遊べるようになったという。

現在四十代になった彼は別の場所で暮らしている。

最近、会社の後輩と飲みにいった時、

「さっき道で白いワンピースの小さな女の子が先輩のこと、ずっと見てましたけど、知り合いですか」

そう言われて、こどもの頃のことを思い出した。その日を境によく「小さな女の子と一緒にいましたね」と言われることが続いている。

あの子だったら嬉しいなと心から思っているという。

五十三　疑念

三十代後半の竹田さんという男性から、彼の友人にまつわる話を聞いた。

「学生の頃、ふたりでよく飲みに行っていました。怖い話が好きだったから、適当に考えた作り話を披露しあったり、下世話な話ですけど、女の子をナンパしまくって、どこに可愛い子がいるかの情報交換もしていました。当時は若かったんでね。俺以上にあいつの方は酷かったですよ。出会う女性を片っ端からナンパしていくんです。出会い系サイトはもちろんですし、バイト先の子とも遊んでたし、コンビニの店員さんも見境いなしに声をかけていましたね。基本、遊びが目的で、彼女を作る気はゼロだったみたいです。でも、ある時飲んでると、最近、彼女ヅラする面倒な女がいて困ってるってぼやいてました。超めんどくせーって」

その友人も三十代になると、ようやく落ち着いた。そのきっかけが、勤め先の会社に入ってきた新入社員の女性だった。入社した時からやたらと目線を送ってくる。気があるに違いない。これまでにない魅力を感じて、逆に声をかけられなかった。

そのうちにどちらからともなく交際がはじまり、きっぱり遊びもやめて結婚した。

申し分ない自慢の妻で、そのうちに女の子が生まれた。

ところが、こどもが生まれた頃から妻の様子が少し変になってきた。赤ちゃんに買う道具、哺乳瓶や洋服、ベビーカー、すべてを黄色で選ぶ。

「なんでこんな黄色ばかりを揃えるの？」

「この子が、ひろ子が黄色が良いって言うじゃない。だからよ」

妻はこちらをじっと見つめる。当然、赤ん坊はまだ言葉を発することができない。

その時はさほど気に留めていなかった。

そのうちにこどもが三歳になった頃、食べ物の好き嫌いが出てきた。初めてニンジンのグラッセを与えると「ニンジン嫌い。いらない」と跳ね除ける。すると、妻は、「ひろ子、ニンジン大好きだったじゃない」と眉間に皺を寄せる。

小学校に上がって宿題をしている時には、「ひろ子、算数得意だったじゃない。どうしてこんな問題も解けないの」と責め立てる。
○○と言っていたじゃない。あの時こう言っていたじゃない。まるで過去のできごとを見てきたかの言い草だ。もしかしたら、自分と結婚する前にこどもがいたのだろうか。
そんな疑念を抱きながら生活していた。

ある日、リビングで何気なく夫婦でテレビを観ていると、姉妹にスポットを当てたドキュメンタリーが放送されていた。すると妻は唐突に口を開いた。

「私、お姉ちゃんがいたんだよ」

初めて聞いたことだった。結婚式や色々なタイミングがあったはずなのに。

「いたって、どういうこと？」

「死んだよ」

「そう。病気とかで？」

「ううん。自殺」

見つけた遺書には恨みの内容がびっしりと書かれていた。相手の名前こそ記されてはいなかったが、絶対に許さないという強い意志を感じたのだと妻は言う。

「あなたもかわいそうだと思うでしょう？　ひろ子お姉ちゃんのこと」

妻は唐突に自殺した姉の名を口にした。自分たちのこどもと同じ名前だ。妻がどうしてもこの名前をつけたいと言ったのだ。

その時、昔のことを思い出した。二十代前半で女遊びをしていた時、ひとりの可愛らしい女性がいた。彼女にするつもりは端からなかった。呼べばすぐに来る手頃な女だった。たとえ今日のナンパをしくじっても、あいつなら断らない。遊び相手としては、じゅうぶんだった。しかし、女性側からすると、何度も声をかけてくれるということは、自分は彼女なんだろうという認識にいたったのだろう。

まめに連絡をしてスケジュールを聞いてくる。それが面倒になった。彼女を作る気はない。次第に冷たい態度をとるようになった。それでも連絡をしてくる。ならば無理矢理諦めさせようと、別の女性とベッドにいるところをわざと目撃させた。さすがにショックだったのか、それから連絡は来なくなった。数日後、彼女が自殺をしたことを人伝てに聞く。

そのことを思い出した。あの女の名前、なんだったっけ？「ひろこ」だったか？そうだ、漢字は違うが読みは一緒だ。

妻はあの「ひろこ」の妹なのではないだろうか。

思い返してみると、会社に入ってきた時、異様にこちらを見てきていた。言動もおかしい。ことさらに過去の話をしてこどもには同じ名前をつける。時折り見せる冷ややかな目。あいつの妹だ。こいつは「ひろこ」の妹だ。

怖くなった。これまで家族として暮らしてきたけれど、妻はおかしい。なにをされるかわからない。家にいるのが厭になった。でも確かめようがない。聞きたいけれど、怖くて聞けない。

「だから、頼む。竹田。妻があいつの妹かどうか、一緒に確かめてくれないか。俺、いつか妻に、殺されるかもしれない」

友人はすがるように竹田さんに電話をかけてきた。正直、面倒だった。人様の家の事情など知ったこっちゃない。適当に「今度な」と言って電話を切った。

しばらく経った頃、彼の番号で着信があった。出ると、女性の声だった。

「主人がお世話になりました。発信履歴にあなた宛ての番号がたくさん残っていたので、かけたんですが、主人、亡くなりました」

友人の死の報せだった。かけてきたのは妻だ。

竹田さんは葬儀に参列することにした。焼香も終わり、会場を後にしようとしたところ、背後から妻であろう女性に「竹田さんですよね」と声をかけられた。

「主人、自ら命を絶ったんですけど、生前はお世話になりました」

会釈をして立ち去ろうとすると、女性はまたかけよってきて、

「本当に、お世話になりました。やっと――終わりました」

深々と頭をさげる。竹田さんは、彼女が一瞬笑っていたのを見逃さなかった。

顔を上げた女性は真顔に戻っていた。

妹かどうかは確かめようがないし、確かめるつもりもない。

五十四　残されたビデオ

優太さんには仲の良い友人がいて、ある時、お互いの彼女を連れてのキャンプ旅行の計画を立てた。友人の彼女が誕生日らしい。

行き先は北海道の最西端にある鴎島《かもめじま》を選んだ。崖上にテントサイトがあるので、そこで二泊三日する予定だ。

鴎島は一八〇度海を見渡すことのできる絶景で、日本の夕日百選に選ばれている。難点は、島の崖上までの長い階段だ。標高が高く、重い荷物を何往復もして運ばなければならない。行き帰りで軽く二十分はかかるだろう。それでも楽しみだった。

テントサイトに着くと、家族連れやカップル、ともだち同士で来ている人も大勢いて、賑わっていた。当時崖上では火を使うことが禁止されていて、バーベキューは下の海沿いでする必要がある。テントを張り終えると浜辺へ下りた。

バーベキューをするために火を起こし、やがて食材にも火が通って良い感じになってきたところで、友人が「彼女に渡すプレゼントをテントに忘れてきた」と言い出した。

彼はひとり、ハンディカムのカメラを持ち、崖上に続く階段をテントサイトへ上っていった。

かれこれ一時間くらい経つが、友人は帰ってこない。三人で食べていたがお腹もいっぱいになってきた。

さすがになにかあったのではないだろうか、迎えに行こうかなどと話していると、ようやく友人が戻ってきた。しかし彼は青い顔をしていて「帰ろう」と言う。

急にどうしたのかと理由を聞いても「ここにいられない」と、引き攣った顔のまま、車に乗ってひとりで行ってしまった。置いて行かれた彼女は泣きだし、優太さんたちも怒りながら帰ることにした。車二台分の荷物を二時間かけて片づける。

ようやく出発し、海と山に囲まれた暗い二車線の広い道を一時間くらい走っただろうか。ほとんど車の通りはなかったのだが、遠くで警察車両や救急車が停まっているのが見える。事故だろうか。

通り過ぎようとすると、友人の彼女が「彼の車かも」と言い出した。少し先に停車して見に行くと、確かに友人のものだ。大破して、あちらこちらにガラスの破片も飛び散っている。警察に事情を話して確認したが、即死だったそうだ。

数日後、友人の家族から連絡があったので、あの日キャンプへ行った三人で自宅を訪れた。

友人は、和室に敷かれた布団に寝かされていた。顔には白布がかけてある。

彼は髪を長くしていたのだが、きれいに梳かされていた。

手を合わせていると、母親が声をかけてきた。

「キャンプの日の動画、見た？」

なんのことかわからないと言うと、隣の部屋でその動画を見せるという。

三人の目の前のテレビ画面に、動画が再生される。


場面は浜辺のバーベキューから始まっている。はしゃぐ自分たちの姿が映し出される。

「やべえ。彼女のプレゼント、テントに忘れてきた」

「早く取ってこいよ」

友人は手元のハンディカムをオンにし、あたりの景色をレポートしながら薄暗い階段を上っていく。しばらくいくと、前方の階段の真ん中に、男性がこちらに背中を向けて立っている。友人はその人をよけて上がっていった。

テントに着くと、中に入りプレゼントを手に取ると、「今日は彼女の誕生日です。喜んでくれるといいな」とコメントをすると、階段へと向かう。

下りはじめると前方に、先ほどいた男性が同じところにぽつんと、今度はこちらに背を向けて立っている。友人は男性とすれ違う時、ふいにレンズをそちらに向けた。

すると男性がカメラに顔を向けた。

画面いっぱいに友人の死に顔が映る。ガラスの破片が顔じゅうに突き刺さり、ところどころ血が滲んでいる。

声にならない声をあげ、友人は階段を駆け下りた。カメラは回ったままで、足元や原っぱ、星空が、ぶれながら記録されていく。それが延々と続く。その合間にチラチラと事故の状況が差し込まれるように映っている。

パトランプ、大破した車、ガラスの破片……。

「ここ、どこ？　どこに戻ればいいんだよ。優太。誰か！」

なぜか動画には、テントサイトにあれほど大勢いた人が誰も映っていなかった。


「あんたたち、この動画、ふざけて作ったのよね」

友人の母親は無表情で問いかけてきた。優太さんたち三人は初めて観るものだった。

「知りません。本当に知りません」

その時、和室の方からバサッと微かになにか聞こえた。

ふり向くと、きれいに梳かれていた友人の長い黒髪が、白布の上でぐちゃぐちゃに絡まっていた。

あの時、どうすることが正解だったのか。

「ここ、どこ？　どこに戻ればいいんだよ。優太。誰か！」

動画の中の友人の叫び声がふとした時に聞こえる気がする。でも、何年経っても答えが出ないのだと、優太さんは俯いた。

家族

家族

麻美さんが学校から帰ってきた時のこと。
リビングの扉を開けたところで突然、意識が飛んでしまったんです。
「麻美」誰かが呼ぶ声で仏間の襖を開けると、
祖父母、両親、伯父が勢ぞろいして座っている。
畳のへりで線を引くように、部屋がふたつに分かれていて、
畳を隔てた向こう側に亡くなったはずの祖父母が座っている。
両親は手前側、伯父は線の真ん中でうなだれているんです。
「この子はよく頑張ったよ」
祖母が伯父の肩を叩く。そこでハッと意識が戻ったんです。
数日後、伯父さんは亡くなったんですが、
不思議なのは線で仕切られた向こう側、
死者のいる世界は真っ暗で、
麻美さんや両親がいた生者側は真っ白だったこと。

五十五　弟

知代子さんは、病気で集中治療室に入っている弟の見舞いに、週に何度も行く。

その日、父と顔を出すと、治療の甲斐あってか弟の体調は良さそうだった。

「俺、もう治りそうだよ」

「来週には大部屋に移れそうだね」

父も喜んでいた。

また来るからねと病室を出ようとすると「姉貴」と呼び止められた。

「俺、どうもダメそうだから、棺桶用意しといて」

「そんな縁起でもないこと言って。来週は大部屋でしょ」

病室を出ると、父が「知代子、なにひとり言を言っているんだ」と首を傾げる。弟の言ったことを伝えると、どうやら父には聞こえていなかったらしい。

その日の夜中、容態が急変した弟が亡くなった。

五十六　疑問

「じいちゃん、なんであんなところにいるんだろう」

祖父の通夜の日、葬儀場に泊まっていた。遺族控室には、ガラス張りの水屋がある。そのガラスの向こう側のずいぶん高いところに、じいちゃんの顔がある。壁の木目に沿って顔を出してきょろきょろと見下ろしている。

「じいちゃんがいるよ」

さっきから指をさして親族に伝えているのだが、遺影が反射して映っているだけだと言って見向いてもくれない。

違うんだってば。遺影の顔は笑っているのに、見下ろしている顔は憎しみが籠っているじゃないか。ほら。こっち見てる。

五十七　嫉妬

夫の親族に不幸があり、妻は自宅葬の手伝いを任された。

仏前に飾る花や樒《しきみ》を庭から摘んでくると花瓶に挿した。すると急激に体調が悪くなった。眩暈、吐き気が止まらず、葬式が終わったその後も通院生活を余儀なくされた。

原因はわからなかったが、点滴をして休養を取るうち少しずつ回復してきた。

四十九日の法要に参加した時のこと。また葬儀の日と同様に、急激に体調が悪くなる。

布団に横になったとたん、妻は「あっ」と声をあげた。

亡くなった親族が、部屋の隅に立ち、口を開く。

――あんただけ、幸せそうで悔しい。

葬儀の時も、四十九日の法要が執り行われている今日も、故人の親族は金の話ばかりしていた。

五十八　十日後

まゆみさんは、最近同じ夢を見る。

暗闇の中、白装束を着た人が前を行く。誰だかよくわからないが、まゆみさんはその後を追いかけていく。

毎晩同じ夢を見る。だんだん気味が悪くなってきた。自分の身になにか起こるのではないだろうか。寝るのが怖い。

同じ夢を見続けて十日ほど経ったある晩。またあの夢だ。

白装束の人が前を歩いて……ところがこの日は今までとは違う。その人は、途中でピタリと止まり、ゆっくりとふり向いた。目が合ったとたん、目が覚めた。涙が一筋こぼれ落ちたと同時に家の電話が鳴った。

実家の父親が急死したとの報せだった。

五十九　祖父の試み

ヤスさんの祖父は厳格な人で、家族も滅多に話しかけない。大人になってから知ったことだが、祖父は金貸し業をしていたらしく、近所からも恐れられていた。ところが、孫のヤスさんにだけは優しかった。

「ヤス君、散歩行こう」

「はい」

よくふたりで近くの河川敷を歩いた。

その祖父が病気で入院したのは、ヤスさんが小学一年生の時だった。

「俺はもう亡くなるけん。でも、ヤス君がランドセルを背負うところを見るまでは死ねないな」

夏休み明け、二学期が始まった朝、登校する孫の姿を見ると、祖父は自宅で息を引き取った。

ヤス君は、亡くなった祖父の脇で正座をして涙を拭っていた。家族は気を利かせてふたりにしてくれた。

「じいちゃん、淋しいよ」

すると、頭上から、

「なんでこんなことになっとるんや。なんでか！　なんでか！」

驚いて見上げると、じいちゃんが自分の死体に向かって怒鳴っている。茫然としているると、部屋の隅でカサカサと紙のこすれるような音がする。金を数えているじいちゃんがいる。じいちゃんはいつも金を数えていた。

さらには書を書くじいちゃんもいる。

亡くなったじいちゃんとは別に、三人のじいちゃん。

ところが誰とも目が合わない。声をかけたがこちらには一切目もくれず、同じことをくり返し続けていた。

外に出ると、今度は松の木を伐っているじいちゃんまでいる。

「めっちゃじいちゃん、おるやん」

その時、

「ヤス君、ヤス君」と呼ぶ声が聞こえた。家の裏口で、じいちゃんが手をふっている。

そのじいちゃんだけが自分のことを見ていた。

「ヤス君、散歩行こう」

「はい」

いつもの河川敷を歩く。色んな話をした。

「もうちょっと先まで行ってみよう」

家から一時間くらい歩いたところでベンチに座った。するとじいちゃんは、

「ヤス君、ごめんな。じいちゃんな、ヤス君の守護霊になれんたったい。知っとる奴の守護霊にはなれんて。やけん、あとは頼むな」

そう言うと消えてしまった。

消えたじいちゃんのまわりには、オーブのような光が集まっていた。

帰宅して布団に横たわる祖父に声をかけた。

「じいちゃん、わかったよ」

祖父の口から血が一滴たらりと垂れた。

今、逝ったな、と感じた。

六十　真実

和昭さんが住んでいた村は農家が多かった。

こどもの頃、お盆に親戚が集まることになり、両親と本家を訪れた。

大勢が集まるので、飲み物も大量に必要になる。

家の裏にある農作業小屋に飲み物用の冷蔵庫がある。そこに好物のサイダーが冷やしてあった。和昭さんはひとり小屋へ取りに入った。

お盆で誰も農作業はしていない。

小屋の中は電気も点いておらず、日中でも薄暗かった。

冷蔵庫は奥にある。すり足で入っていくと、上の方から、

「もらわれていった子か」

ふいに年配の女性の声で話しかけられた。見上げると、梯子の上に黒い靄のようなものが見える。

靄はこちらをじっと見下ろしていた。

和昭さんはサイダーを取って急いで小屋を出た。すぐに大人を連れて戻ったが、埃《ほこり》を

かぶった籠類が雑然と置かれているばかりで誰の姿もなかった。

夜、布団に入ると、隣で眠る母親に昼間の小屋でのできごとを話した。

「もらわれていった子」という言葉を聞いた母は、しばらくの間は押し黙っていたが、躰を起こすと真実を打ち明けた。

和昭さんは、養子でもらわれてきた子だったという。躰の弱かった母親は、和昭さんの実の母親に頼んで、彼を養子にしたのだ。

小屋の黒い靄の正体は、今もわからないという。

六十一　ふたり

小屋であの靄を見てから、家の中に母親がふたりいるようだ。

片方は本当の母親。もうひとりは、首から下は母親で、顔だけは真っ黒な靄で覆われている。

「和ちゃん」

呼ばれてふり向いても、誰もいない。

六十二　回想

大樹さんは毎日電車通学をしている。入り口ドアから入ってすぐの手すりのところに立ち、イヤホンを耳にねじ込むと、頭上の電気がチカチカし出した。

その光の中に「弟」という文字が浮かび上がった。

いつの間にか大樹さんは家の仏間に立っていた。

薄明りの中で母親が仏壇に置かれた位牌に手を合わせている。

「それ、誰？」

「あんたの弟よ」

チカッと音を立てて電気が戻った。大樹さんは電車内にいた。

忘れていた。自分には生まれてこなかった弟がいた。それを突然思い出した。

最寄り駅で下車すると、離れて暮らす父親から電話がかかってきた。他愛もない話をしていると、父親は大樹さんにこう訊ねた。

「お前、弟のこと、知ってるか」

母親は弟のことを話さない。いつか話してくれる時がくるのを待つことにしている。

六十三　障子の枡

毎年、地元の千葉県市原市で「いちはら市民大学」の講義を行っている。二〇二三年も南総公民館の学習室で開催した。約三十名いる受講生は、ほとんどが高齢者だ。

その日、地元の魅力と市原市にまつわる怪談をいくつか話し、質疑応答の時間になると七十代の女性が自身の体験談を語ってくれた。

数年前、女性の父親が危篤に陥った。

父親は秋田県に住んでいるので、数日間分の着替えなどをまとめて病院へ向かう。到着すると、父親の容態は安定していて、ここ数日で亡くなることもないだろうと判断し千葉へ帰ってきた。しかし、いつどうなるかはわからない。

心は落ち着かないまま布団を敷き始めた。と、ピリピリと音が聞こえる。

障子の紙が一枚、くり抜かれるように四角く穴が空いた。茫然と見ていると、空いた穴の奥から、

「心配せんでいいよ」

父親の声が聞こえる。

穴を覗くと、父親が前屈の姿勢で足と足の間から逆さまにこちらを覗いている。

「お父さん、どうしたのよ」

父親は起き上がり、背を向けて手をふった。直後、秋田から父が亡くなったと報せが入ったという話だ。

六十四　兄の助言

九十代の竹子さんが十五歳の頃に体験したできごとだ。

竹子さんは四人兄弟の末っ子で、七つ上の兄がいた。

ある夜、眠っていると廊下で足音がする。足音は部屋の前で止まると襖が開いた。やがて誰かが枕元に腰を下ろした。

戦地へ行ったはずの兄が、軍服姿で正座している。

「おかえりなさい」と、慌てて起き上がろうとすると、兄はそれを制止して、

「そのままで良い。竹坊、よく聞きなさい。お前は器量は良いが、男勝りで馬鹿に気が強い。勉強はできん。だが、躰は丈夫だ。だから嫁に行くより婿を取った方が良い。農家は食うに困らんから次男坊にせい。大学出が良いだろう」

ぶっきらぼうに言うとそのまま出て行ってしまった。すぐに後を追って廊下に出てみたが、もういなかった。翌日、兄の戦死の報せが届いた。遺骨はなかった。

数年後、竹子さんは結婚した。偶然にも夫になったのは、農家の次男坊で大学を出たばかりの好青年だった。

六十五　食欲

夏美さんがまだ五歳の頃、母が病気で入院した。その間、祖母が面倒を見てくれたが淋しくて夜になるとひとり泣いていた。食欲もすっかり落ちてしまった。

ある夜、夢を見た。知らない男の人が「なんで夜、泣いとるんだ」と優しく頭を撫でてくれた。母のことを伝えると「食べんと、心配するぞ」そう言って、男性は台所に立ち大きめのおにぎりと、甘いたまご焼きを作ってくれた。

どちらも夏美さんの好物で、ペロリとたいらげた。男性は、大正十一年生まれの「しょういち」と名乗った。

翌朝、祖母に夢のことを話すと、押し入れから一枚の写真を撮りだし見せてくれた。まさに夢で見たあの人で、戦死した祖母の兄「正一さん」だったという。

祖母は台所に立ち、

「なっちゃん、朝ごはんにしよう」

大きなおにぎりと、甘いたまご焼きを作ってくれた。それは正一さんの好物だった。

六十六　満州にて

まりさんは、十五年前に他界した祖母からこんな話を聞いた。仮に名前をやす子さんとする。

一九三二年三月、満洲国が建国され、日本からも多くの人が移民した。

やす子さんは当時助産師の資格を持っていて、単身満洲の大連へ渡った。現地で知り合った軍人と結婚し、こどもを出産。充実した日々を送っていたが、一九三七年日中戦争が勃発し生活に戦争の影が迫ってきた。その後、夫は戦死し、こどもは栄養不足で亡くなった。

戦況は悪化が進み、日本人居住区には女性とこどもだけが残されていた。いつソ連軍が襲ってくるかわからない。やす子さんは病院から青酸カリを譲り受けていた。凌辱されることになるくらいなら全員で自害しようと決めていたという。

ある日、やす子さんの部屋から何者かによって青酸カリが持ち出された。すぐに近所を探すと、同じ班の女性が一家心中を図って倒れていた。一歳から十歳までのこどもたち四人は虫の息だった。口に手を突っ込み青酸カリを吐かせ、みな一命をとりとめたが母親だけは助からなかった。

やす子さんは四人のこどもを引き取って育てることにした。

既に夫と息子を亡くしていたやす子さんは、日本に帰国するまでの間、こどもたちに深い愛情を注いだ。

こどもたちも次第に懐いて心を開きはじめた頃、夜、トイレに連れていくと、なにかに怯えるようになった。

「こわい。こわい。トイレに行きたくない」

みな震えながら同じところを指さしている。

「なにが怖いの?」

こどもが指さす方向を見ると、トイレの横に青酸カリを飲んで自害した母親が、恨めし気にこちらを見ている。

「お母さんが立ってる。睨んでるの」

やす子さんはこどもたちを抱きしめながら亡き母親を説得した。

「この子たちを助けたことに一切の迷いも後悔もないから。必ず日本に連れて帰るから」

すると、その晩から高熱にうなされた。熱は三日間続き、まわりは母親の祟りではないかと怯えた。僧侶を呼んでお経をあげたところ、何事もなく下がったという。

六十七　うどん

千絵さんが一階のリビングで朝食を取っていると、二階から父親がネクタイを締めながら降りてきた。

「今、二階に上がってきた？」

「上がってないよ。ご飯食べてたもん」

「おかしいな。誰か階段を上がってきたんだけどな」

父親は首を傾げながら、階段を見上げて言った。

「あ、誰か上がっていった」

千絵さんと母親は顔を見合わせる。数日後、会社から帰ってきた父親を見た千絵さんはぎょっとした。父親の左肩に、真っ黒なうどんのようなものがぶら下がっている。それが肩から手首の辺りまで伸びて、ぶらぶら揺れている。

「お父さん、家ん中入っちゃだめ」

千絵さんは咄嗟に叫ぶと、台所から塩を持ってきて、父の肩にぶつける。

ほどなくして父親は突然死した。

佳

怪

埼玉県のとあるアパートで、
夫と暮らしている女性の体験談です。
いつ頃からか家の中で、
奇妙な気配を感じるようになったのだそうです。
ある晩、なにかが足首に触れた気がして、ふと目が覚めた。
見ると中学生くらいの女の子が女性の足首を掴んで、
ぐいぐいと持ち上げていくんです。
女性が戸惑っていると、
女の子は足を下ろして、部屋を出ていってしまった。
夢を見たのだと自分に言い聞かせたのですが、
数日後、夫が青い顔をして起きてくると、
「俺、人生で初めて幽霊を見た。
知らない女の子に足首を持ち上げられた」と言う。
あれは、夢じゃなかったんだ……。

六十八　壁の絵

八年前、ありささんはその府営住宅に越してきた。昭和四十年代くらいに建てられたものらしい。

いつ頃からだろう。夜になると、寝室の押し入れの中でなにかがザワザワと蠢いている。こども部屋は入ることができないくらい気持ちが悪い。引っ越してきた当初は、よほどの用がない限りは入らなかった。

ある時、寝室の壁に絵が描かれていることに気がついた。三歳か四歳くらいのこどもが描きそうな、太陽のようなものと時計のような絵。ありささんの娘は小学一年生だった。きっといたずらで描いたのだろう。

「やめてよ。なんでこんな絵を描くのよ」

帰宅した娘を叱った。

「私、描いてない」

「じゃ、いったい誰が描くのよ」

一方的に叱ったが、娘は泣きながら無実を訴える。

拭けば取れるだろう。雑巾で拭ったが、絵は消えなかった。

その絵が壁に現れた頃。夜、寝静まると廊下を歩く足音が聞こえるようになった。

寝室の扉は閉めている。毎晩、寝室の手前あたりまで、タタタタ……。

——誰か来た。

家には自分とこどもしかいない。こどもは寝ている。いったい私は毎日誰の足音を聞いているのかな。それが二年ほど続いた。


「その頃、交通事故に遭ったり、よくないことも立て続けに起こって、さすがに霊媒師を紹介してもらいました。間取り図を書いて写真を見せると、元々処刑場で負の感情の多い土地だと言われました。霊道が通っているとか。部屋の周りに盛り塩をして四隅に時計回りと逆にお香を焚けば良いとアドバイスしていただきました。でも、効かないみたいです。夜になると足音は聞こえるし、天井から黒い人が、ぼとっと落ちて通っていくんです。

そうそう、壁に絵が描いてあるって言ったじゃないですか。あれ、描いてあるんじゃなくて、浮かび上がってくるんです。本当に娘がいたずらで描いたんじゃないんですよ。何の気なしに靴下を履いていた時に壁を見たら、絵が増えていたんです。時々、絵柄が変わるんですよ。いつしか絵も風景になっていて気にならなくなりました。絵がまるきり消えてなくなることもあります。この前見たら、違う絵が浮かびあがっていました。顔のようなもの。薄く浮かんでいるんです」


この話を私は電話口で聞いていた。すると、

「お母さん、絵が濃くなってるよ」

娘さんの声が聞こえた。

「今、怪談のインタビューを受けているのよ」

ありささんが言うと、中学生になった娘さんが話を続ける。

「私、この家で幽霊見たことあるよ。押し入れのクリアケースの衣装入れ、あるでしょう？　引き出しを引いたら、奥に半袖短パンの男の子がいて、目が合ったよ」

ありささんは初めて聞いたことだったようだが、娘さんはそのこどもを数回見ていると言った。

絵は現在も増えたり減ったりしているという。

六十九　出られない

「あっちゃんの部屋、出窓ってある?」

「ありますよ」

「その出窓に、テレビかなにか置いてない?」

「置いてます」

「その前にベッドがある?」

「あります」

「チェストみたいな、台みたいなの置いてる?」

「置いてます」

カフェでお茶を飲んでいると、一度も家に遊びに来たことのない先輩が唐突に言い出した。ベッドから壁の間は数十センチの隙間があり、ミニチェストを置いている。

「チェストから出窓まで、人ひとり入れる分くらいのスペースが空いてない?」

「空いてます」

「そこに立ってる」

「なにがですか？」

「祓えるかどうかわからないけど、今から家に行かせてもらってもいいかな」

先輩の言うことは概ね合っている。カフェを出て自宅に向かうことにした。

部屋のドアを開けて中へ入ると、先輩は「ああ、いるわ」と見渡した。

「この人がここにいる理由、わかったわ」

「誰？」

「どこからこの霊が来たのかはわからないけど、塩のせいで、出られなくなってる。逃げられなくなっているみたいよ。困ってるんだって。祓えるかわかんないけど、やってみる。ちょっと部屋出ていって」

十五分ほど経つと、先輩はせき込みながら部屋から出てきて「終わった」と帰っていった。

なんのことやらさっぱりわからない。呆気に取られていると「なにがあったの？」とリビングにいた母親が訊ねてきた。今あったことを伝えると母は、

「あ、私のせいかも」と言う。

当時、母親は占いにはまっていて、毎週のように通っていた。その占い師から、開運のために各部屋に盛り塩を置くようにと言われていたらしい。

「たまたまいた霊が閉じ込められて出られなくなっちゃったのね。悪いこと、しちゃったわ」

あっけらかんとしていたが、なにも感じない側からすると、母のことも先輩のことも、さっぱり理解ができなかったという。

七十　空気圧

みき子さんは、数年前にマンションを購入し、独り暮らしをはじめた。

夕方、母親が来る予定だったので、その前に家事を済ませようとベッドルームで洗濯ものを畳んでいた。

「バコッ」と音がした。

ここはマンションの高層階。玄関のドアが開くと一瞬、部屋の空気が動く。

「お母さん、もう来たんだ」と立ち上がろうとすると、なぜか躰が動かない。

ベッドルームの扉がゆっくりと開き、母親ではない、痩せた全裸の女が入ってきた。

女は近づいてくると、真上からみき子さんの顔をじっとのぞき込んだ。そして部屋を出ていく。

廊下をペタペタと歩く足音が、奥の仏間の方へ入っていった。やがて、またペタペタと音を立てながら玄関の扉が閉まる音がして、静まり返った。

その直後「バコッ」と音がして、母が訪ねてきた。

七十一　新居——入居

妻のお腹が大きくなった頃、健太さんは住まいを探しはじめた。

これまでのアパートでは手狭すぎる。駅前の不動産会社で希望の間取りと予算を伝えると、条件に見合った３ＬＤＫのマンションが見つかった。立地も良く水道代は家賃に含まれていた。

さっそく妻と見学に訪れた。四階の角部屋。玄関扉を開けると廊下。突き当たりに曇りガラスの扉があって、その奥は洋室になっている。ダイニングキッチンとこども部屋にできそうな部屋もある。ベランダも広い。日当たり良好。内装を見て即決し、その日のうちに契約をした。

「良いところが見つかったね」

夫婦は顔を見合わせてほほ笑んだ。

唯一残念なのは、不動産屋に連れられて挨拶に行った大家の感じが悪かったことくらいだ。同じ敷地に住んでいるわけではないので、そこは良しとしよう。

翌日から少しずつ荷物を搬入して入居することにした。

朝から引っ越し作業を続けて気づけば夕方になっていた。休憩がてらベランダに出ると、隣室の夫婦もちょうど窓を開けて出てきたところだった。

「今度引っ越してきた隣のものです」

声をかけると、隣室の夫婦はニコニコ笑って会釈してくれた。

「お菓子を用意しているので、これから挨拶に伺っても良いですか」

健太さんがそう言った瞬間、夫婦の顔から笑みが消えた。

「来なくていいです。来ないでください」ピシャリと窓を閉めて中に入ってしまった。

呆気に取られて健太さんは妻と顔を見合わせた。

翌朝、妻が急に「ここに住むの、やめない？」と言う。

あれだけ気に入って契約したのに、なぜだろう。大家と隣人のことを気にしているのだろうか。理由を問うと、廊下に出る曇りガラスの扉を指さした。

「外廊下から、女の子がぺったりはりついて中を見ているの、あなた、気づかない？」

七十二　新居――初日の夜

はじめは、近所の子が入ってきたのかと思ったの。でも、変よ。昨日も今日も、気づけばガラスにはりついてる。あなたは気づいてないみたいだし、怖くて無理。大家さんもお隣さんもなんだか変でしょ。この部屋、やばいんじゃない？　私、今日は実家に帰って寝る。

そう言うと妻は、大きなお腹を抱えながら不安気に扉を見て立ち上がった。車で実家に送り届けると、健太さんはひとりマンションへ戻ってきた。

出産間近で気が立っているのかもしれない。きっと荷ほどきで疲れてしまったのだろう。自分も風呂でも入って眠ろうと、蛇口をひねってお湯を溜めた。

コンビニで買ってきた弁当を食べながら風呂に溜まる湯の音を聞いているうちに、妻が言っていたことが気になりだした。

健太さんは立ち上がると各部屋の扉や窓を開けていった。

ベランダ、クローゼット、トイレ、洋室の扉。そして、リビングに戻ってくると、台所のシンク下の扉を開けて中に手を突っ込んだ。暗くてよく見えないが、手にガザガサしたものが触れた。天板になにかある。

引っ張ると、それはビリっと音を立てて破れた。古く茶色くなったお札のようだ。

思わず放り捨てて貴重品だけ掴み玄関へ向かった。

トポトポと湯が溜まる音が耳に入った。風呂のお湯を出しっぱなしにしている。浴室に入り、蛇口に手を伸ばした健太さんは尻餅をついた。

風呂釜に、長い髪の毛が無数に波打つように浮いていた。

急ぎ玄関へ向かうと、強烈な視線を感じる。ふり向くと、廊下で小さな女の子がこちらをじっと見つめていた。

七十三　新居――退去

どのように車に乗ったか、あまり記憶がない。夢中で部屋を飛び出てきた。妻が言っていたことは本当かもしれない。妻に電話をかけ「あの家はやめよう」と伝えた。もうあの部屋には戻りたくない。今夜は両親に頭を下げて実家に泊めてもらおう。

カーナビを実家に設定し、車を発進させた。大通りから、ひと気のない田んぼ道に出ると、突然ナビが切れて画面が真っ暗になった。消えたモニターに、後部座席の様子が映し出される。家にいた女の子が座っていた。

一刻も早く実家へ行きたい。アクセルを踏み込むと、丁字路で信号が赤になった。急ブレーキを踏もうとしたが、なぜか足が動かない。目線を下げると、誰かの手が足首を押さえてブレーキを踏ませないようにしている。

健太さんは急ハンドルを切って田んぼに突っ込んだ。

翌日、引っ越し業者を手配し、荷物を運び出した。あそこに住むことはできない。

不動産会社に、敷金礼金のことを相談するため訪ねると、もぬけの殻となっていて、英会話教室の看板が出ていた。わずか数日間のできごとだ。

七十四　二階の洋間

実樹さんの実家は二階建ての一軒家で、祖父母と母親と四人で暮らしていた。二階の一番奥に洋間があり、その手前の和室は仏間になっていた。

ある日、祖母から「仏様にあげてきて」と、仏壇にお供えするご飯を渡された。これまでは毎日欠かさず祖母が行っていたので、珍しい。二階へは用もないので、久しぶりに上がった。

すると、奥の洋間のドアが開いていて、着物姿の老婆が座っている。真っ白な髪で、見たこともない人だ。仏壇にご飯を置いて、急いで一階へ駆け下りた。

それから一週間続けて仏壇にご飯をお供えした。初めのうちは気のせいだと自分に言い聞かせたが、毎日いる。洋間はほぼ物置状態でふだんは入ることもない。そこに老婆がちょこんと正座しているのだ。仏間を出る時に横目で見ると、老婆の視点は遠く、窓の外を眺めているようだ。向かいの家の方角を見ている。

さすがに一週間も見続けると、二階へ上がることが怖くなってしまった。

「私もう二階へは行けない。変なおばあさんがいるんだもん」

すると、祖母はサラッと言い放った。

「秋になったらいなくなるでしょ」

その時は祖母の言葉の意味はわからなかった。

秋が来た。家の向かいに古い接骨院がある。これまで高齢の院長がひとりで診療していたようだが、どうやら亡くなったらしい。ひきこもりの息子とふたり暮らしだったそうだ。息子は当然医院を継がなかった。

葬儀が終わるとすぐに取り壊し工事が行われ、あっという間に更地になった。

それきり二階にあの老婆が現れることはなくなった。

「あの人ね、院長先生の奥さん。ここからが一番眺めが良かったのかしらね」

祖母は「はい。お供えお願いね」と、仏壇のご飯を差し出した。

職

職

某ペットショップで店長をしている男性の体験談です。
閉店後、従業員が事務所に入ってくるなり、
「やめてくださいよ、店長。職場で」
と言うので驚いてしまった。
「なにが?」従業員は辺りを見回し「あれ?」と首を傾げる。
「今、店長の後ろから覆いかぶさるように、
女の人が抱きついていたので、彼女を連れ込んでいるのかと」
「そんなこと、する訳ないだろ」
その時、売り場へ続く扉がぎいっと音を立てて開き、
奥の棚から新聞や備品が一斉に落ちてくる。
まるでなにかが慌ててこの場から逃げたように。
「命を扱う職場だから、こういうことが起きても
不思議ではないのかもしれませんね」と、店長は語っていました。

七十五　雪上がりの霊園

敏雄さんが墓石屋で働き始めて三年が経った頃のこと。二月の寒い朝だった。

埼玉県のとある霊園で作業を行うことになった。区画は霊園の一番奥だ。

ふだんは親方とふたりで組んでの作業だったのが、朝一で連絡があって用があるから先に荷物を運んでおくよう指示された。キャタピラーの付いた運搬車から荷物を下ろす。墓石は現場で組み立てる。カニクレーンで吊って基礎の上にバラバラの石を積み木のように重ねていく。親方が来たらすぐに作業ができるようにひとり、段取りをしていた。

前日、雪が降って霊園も薄っすらと積もっていた。

いつもは人の気配があるのに、雪のせいか物音ひとつしない。あらかたの準備を終えるとあたりはしんと静まり返っていた。

ふと見ると、雪の上に足跡があることに気がついた。小さな足跡がどこかへ続いていく。思わずそれをたどっていくと、新しい洋型の小さな墓が建っている。そこに、小学校低学年くらいと思われる少女の写真が置かれ、こちらを見て笑っていた。足跡はその墓石の前まで続いていたが、帰りの足跡はどこにもついていなかったという。

七十六　カシャン

大阪の八尾市にあるスナックで、経理スタッフとして働いている方から聞いた話。

営業時間前に開店準備をしていると、

「カシャン」

コップが倒れるような音がしてふり向いた。

食器棚の中から、上半身だけの女が勢いよく飛び出してくる。

（今日は忙しくなるな）

その女が現れる日は、決まって店は繁盛する。

七十七　問い

国道三号線沿いで、夜間工事が行われていた。あたりに人家はなく、あるのは廃墟くらいで静かな山道だった。

道路を塞ぎ、片側通行となる。

男性はその工事で警備員として勤務に当たっていた。通行車両を同僚と無線で連絡を取りながら誘導する。深夜でも数台の往来はあった。

片側の工事が終わり、反対車線へ移動するため道路を渡ろうとすると、肩を叩かれた。

「ねえ、渡っちゃうの?」

耳元で色っぽい女性の声がしてふり向くと、誰もいない。反対側にいた同僚にそのことを話すと、彼も女に同じ言葉をささやかれたという。

七十八　市役所の残業

現在七十代の藤井さんは、三十年ほど前、市役所の農林課に勤務していた。

役所内の別フロアには、職員組合の事務所がある。

組合の福利厚生の手続きがある時に行くと、いつも丁寧に対応してくれる女性職員がいた。二十代前半くらいだろう。独身だという噂だけは聞いていた。

名前も年齢も知らなかったが、たまに顔を出して彼女の笑顔を見ることは、藤井さんにとっての癒しのひと時だった。

だからその子が結婚を機に退職したことを聞いた時は軽く凹んだ。

役所は、夕方五時には窓口業務は終了し、六時には退勤する。

その日は夜八時過ぎまでひとり残業をしていた。

いつもなら教育委員会が残っているし、建設課の職員も誰かしらいてガヤガヤしているはずなのに、この日は誰もいなかった。上からは「節電、節電」と口うるさく言われるので、自分のいるところだけ点けて作業をしていた。少し先は真っ暗だ。

ふと後ろに誰かが立っている気配がした。

確か宿直の職員はいるはずだが、ふり向けない。

その時、まるで強い磁石に引っ張られるように、勢いよく後方に椅子ごとズズと引きずられた。壁に当たって椅子から転げ落ちた。

視線の先に、パンプスを履いた女性の足が見えた。見上げると、そこには誰もいなかった。藤井さんは残業をやめて、宿直室の前を通り、誰か館内に入ってきていないか聞いたが、誰もいないという。

後日、同僚から「あの組合にいた子、亡くなったらしいよ」と聞いたが、あの晩のことと関係しているのだろうか。

七十九　金属音

中学校の教師が、職員室で残業をしていた。

何時頃からだろうか。どこからか金属がぶつかるような音が何度も聞こえる。校舎を見回ったが出どころはわからない。

翌朝、音楽家の主任に「あの音なんだろう」と訊ねると、

「あなたも聞いたのね」

あまり驚いた様子もなかったが、よくあることだという。音を聞いて怯えた職員が、これまで何人も退職しているらしい。

数年前、校舎内の鉄の扉が倒れて、女子生徒が下敷きになって亡くなった時の音が、今でも時々聞こえてくる。

八十　開かずのトイレ

山口さんは二十五歳で脱サラして教師になった。新任で配属されたのは、高知県のとある中学校だった。

ここへ来た時から気になることがひとつある。一階校舎に、ベニヤ板で塞がれた部屋があるのだ。掃除の時間にこどもたちに聞くと「幽霊が出るんですよ」と言う。

明らかに異様な塞がれ方で、釘打ちも適当で隙間から中が見えるのだが、トイレだった。建付けが悪く、板張りされていて入ることはできない。また、針金でぐるぐる巻きにされて南京錠がかけられていて、慌ててやったようにも見える。こどもの安全上、こんな雑な状態は考えられなかった。

ある日曜日、午前中に部活の指導を終えて職員室に戻ってきた。仕事が溜まっているので、帰宅せずやってしまおうと椅子に腰を下ろす。ほかにも数人の教師が来ていた。

しばらくの間は机に向かっていたものの、どうも集中できない。少し休憩しようと会議室で横になることにした。部屋の真ん中はパーテーションで仕切られていて、奥にソファがある。そこへ横になった。

仰向けで書類に目を通していると、こどもの笑い声が聞こえた。生徒たちだろうが、放っておけば出ていくだろうと無視していた。しかし、会議室を出たり入ったりして笑っているのが止まらない。

「うるさいから出ていきなさい」

山口さんが言うと一瞬静かになったが、またキャハハと楽し気に笑う。これでは休むに休めない。顔を見せないとだめかと起き上がろうとしたが、躰が動かない。

いつの間にか、枕元に男女のこどもがふたり立っている。と、女の子が山口さんの首を絞めてきた。ものすごい力だ。躰がソファに沈んでいくようだ。

男の子はそれを見て笑っていた。いたずらにしては酷すぎる。力づくで生徒の手を跳ね除け「出ていけ」と起き上がると、ふたりの姿はなかった。

ぞっとして、慌てて部屋を出ようと扉に手をかけると、背後に気配を感じた。ふり向くと、パーテーションの裏にふたつのシルエットがあってこちらを向いていた。

山口さんは会議室を飛び出すと、階段を駆け下りて職員室を目指した。

誰かほかの先生が残っているだろう。一階へ下りたところで、山口さんはふいに足を止めた。目の前は開かずのトイレだ——。

職員室には、ベテランの先生が残っていた。青い顔でげっそりした様子で入ってきた山口さんを見てピンときたのかもしれない。すぐに声をかけられた。

「山口先生、見たんですか？」

「なんのことですか」

咄嗟のことで情けない声を出してしまった。

「男の子と女の子でしょう？　説明してごらん」

「首を絞められました」

「その子たちがつけていたリボン、何色でした？」

「青いリボンのセーラー服の女の子と、詰襟の学ラン姿の男の子です」

「今の制服とは違いますよね」

現在の女子生徒の制服は、ブレザーに赤いリボンだ。

ベテラン教師は、こんな話をし始めた。


昔、このあたりは貧しい村で、こどもの教育にあまり行き届かず、荒れて遊び歩く親が多かったのだという。ネグレクトや虐待で、家に居場所がないこどもたちがグループになって、警察の世話にもなることもあった。

その中で、中学生の男女カップルがいた。

ふたりは「ずっと一緒にいよう」と、件《くだん》のトイレで自殺したのだという。

「その時の子でしょう。学校にしか居場所がないんです。時々、出てくるんですよ。先生も、お見えになるんですね」

淋しがっているだけですから我慢してくださいねと言って、その教師は席へ戻っていった。

八十一　相撲部屋——テレビ前

東京某所に、業界では有名な「お化け屋敷」と呼ばれる相撲部屋があった。現在はその場所はマンションになっている。以前この部屋にいた元力士の方から聞いたエピソードをいくつか紹介したい。仮名希望とのことなので、松田さんとさせていただく。

「相撲は神事ですから、不思議なことも多いんです」

松田さんは、中学三年生の夏休みに、この相撲部屋に体験入部をした。協会の中で一番大きい部屋で六十人ほどの大所帯での共同生活だ。バブルがはじける瞬間の時期で、彼が入門したのは千代の富士が引退した年だった。最初に載ったのが千代の富士引退時の番付で、相撲が大ブームの時代だった。

起床時間は毎朝四時半。五時から一番下っ端の稽古がはじまり、六時前には上の兄弟子たちに土俵を明け渡す。それから付き人は、関取衆の用事、給仕、部屋の用事をして、夜の十一時あたりまで休みなく働く。地方巡業は大阪場所、名古屋場所、九州場所、年三回ある。

松田さんが入部した夏休みは、関取たちは巡業に行っていて、部屋には幕下以下の力士十人くらいが残り番をしていた。

彼らが寝るのは関取衆とは別な大部屋で鉄製の二段ベッドがズラリと並ぶ。初めて部屋に案内された時、兄弟子から意味深なことを言われた。

「テレビの前では寝るなよ」

そこで寝ると、みんな金縛りに遭うのだという。

そのことをすっかり忘れていた松田さんは、ある晩、兄弟子と三人でテレビを観ているうちにいつの間にか寝落ちしていた。真夜中、目が覚めた。ヤバい。寝てしまった。「テレビの前では寝るなよ」の言葉を思い出した時には金縛りに遭っていた。しかし、兄弟子からは金縛りを解く方法も教わっていた。

無理矢理寝返りをうつと、自分の右手の下に白い誰かの手の甲がある。兄弟子の手だ。松田さんはその手を握って「助けてください」と叫んだ。

金縛りが解けるとそこには誰もいなかった。全身汗びっしょりだった。

翌朝、真夜中の手のことを兄弟子に伝えた。

「だから言ったろ。よくあるから気をつけろよ」

松田さんはそれから、この部屋にまつわる怪談話を聞かされることになる。

八十二　相撲部屋——柱と鏡

その相撲部屋は、土俵がふたつあることで有名だった。

稽古場の横にちゃんこ場がある。稽古場とちゃんこ場の間はアコーディオンカーテンで仕切られていた。

稽古場には、張り手等の練習をするための丸太の鉄砲柱が刺さっている。元々四本あったらしいが、松田さんが入った時は三本しかなかった。また、畳一畳分くらいの壁掛けの鏡が設置されている。その鏡が、合わせ鏡のようになっていた。

稽古場とちゃんこ場の間のアコーディオンカーテンは、開けて食事をする。

ある時期から、夕食の時間帯になると姿見に女が映るようになった。

女は恨めしそうにこちらを見ている。数人の関取がそれを目撃したらしい。

気持ちが悪いから鏡は物置きに仕舞った。その晩、食事をしていると、破裂音が聞こえた。女が映っていた鏡横の鉄砲柱が真ん中から裂けていた。

鏡を片づけたからに違いないと、関取衆は驚いて鏡を戻すように新弟子たちに指示をした。物置部屋の扉を開けると、鏡は跡形もなく粉々にガラスの破片だけが散らばっていた。

このことは部屋で騒動となり、親方が霊能者を呼んだという。

女性霊能者で、稽古場に入るなり祈祷をはじめた。兄弟子たちもさまざまな霊体験をしており、相撲業界では有名なお化け屋敷と言われていた。

鉄砲柱が三本しかない理由を、兄弟子はこのように聞かせてくれたという。

八十三　相撲部屋——泥棒

番付が十両の関取が体験した話だ。

ケガで巡業に行けず、部屋で残り番をしていた。

夜、横になっていると、話し声が聞こえる。誰がしゃべっているんだろう。

「どうする？　どうするよ。やるか。いくか」

（泥棒か？）

起き上がろうとすると、突然三人組の男に両手両足を押さえつけられた。

関取は体重が一四〇キロあったが、身動きができない。抵抗を続け、「どけ、こら」と、ほどいたら、誰もいなかった。

翌朝、稽古場に降りると、仲間から声をかけられた。

「お前、どうしたの？」

両手、両足首に手の痕がきっちり残っていた。

「よく考えたら、相撲部屋に泥棒に入るバカはいないんだよね」

関取は笑って自身の体験を語ったという。

八十四　相撲部屋——こども

その相撲部屋は一階が稽古場とちゃんこ場。二階は若い衆の部屋で三階が親方の家になっていた。

外には鉄骨の階段がある。

真夜中、ある関取が酔っぱらって帰ってくると、男の子が階段にいたので、親方の息子だと思って声をかけた。

「どうしたんだ？　寝ないのか？」

こどもは関取の方を見て、タンタンタンタンと階段を駆け上がっていく。追いかけていくと、途中でフッと消えてしまった。

現在は引っ越しをしてそこに相撲部屋はない。その場所にはマンションが建っている。東京大空襲の時の死体置き場の上に建てられたという話もあるという。

八十五　介護施設

介護施設で働いている倫子さんは、他部署の人員不足のため、ヘルプについた。

まずは入居者の顔と名前を覚えたい。積極的に声かけをし、信頼関係を築こうと意気込んでいた。

数日が経ち、気づいたことがある。食事介助の時間になると、いつもフロアの窓辺にひとりのおばあさんが佇んでいる。しばらくこの部署にいることになるから、挨拶をしようと近づいていくと、

「そこへ行くと怪我するよ」

背後から声をかけられた。入居者のおじいさんだ。

「でも……」と窓辺を見ると、おばあさんの姿はなかった。その後もおばあさんに声をかける前に職員や入居者に呼び止められることが続いた。

数日後、ひとりエレベーターに乗り込むと、閉まった扉に窓辺のおばあさんが映りこんだのを見て、倫子さんは悲鳴をあげた。

「助けて」と夢中で叫びながら事務室へ向かう。

足がもつれて転びそうになった。すると「大丈夫かい」と呼び止められた。

あの時のおじいさんだ。

「今、エレベーターで、幽霊が」

そう言いかけたところで、

「俺の母ちゃんが、あんたのことをおっかながらせて、ごめんな」

と、おじいさんは眉を落とした。

その日を境におじいさんもおばあさんも見ていない。職員に聞くと、誰もおじいさんのことを知らなかった。

八十六　コックピット

また聞きになってしまうが、某空港で働いていた男性が上司から聞いた話だ。

空港では、夜に飛行機をターミナルの優先順位に合わせて移動させるトーイングという作業を行う。たとえば最終便からひとつ前の飛行機がターミナルにある場合、次の便を入れた時に入る場所がないので、運航が終わっていれば移動させて最終便の到着を待ってそこに入れる。先に到着した飛行機はメンテナンスがあるので、朝一のフライトのために最終便をよけて、メンテナンスが終わった飛行機を朝までに移動する。

作業は、朝方や深夜に行うことがほとんどだという。

トーイング作業は三名が組んで行う。ひとりは飛行機を牽引するトーイングカーの運転手。もうひとりは飛行機のブレーキをかける為のブレーキマン。暗いコックピットに乗り、いつでもブレーキをかけられるようにする役割だ。更にもうひとりは飛行機とトーイングカーを接続する棒をつないだり、飛行機を乗り降りする際の階段を準備したりする地上係。移動する時は、車両にドライバーと地上係がふたりで乗って、機内にはブレーキマンがひとりで乗る。

当時、上司は地上係をしていた。

無線で機内のブレーキマンと連絡を取りながら行う。

慣れている作業なので和気あいあいとした雰囲気だ。車両からふり向けば、コックピットが見える距離にあった。

機内ブレーキマンは、おどけて手をふったり、ピースサインをして笑顔を見せていた。そのピースの上に、もうひとつピースの形が見えた。上司は咄嗟にドライバーに後ろを見ないように伝えた。

すべての作業を終えると、ドライバーは「なぜ急に黙ってしまったんですか。寂しいじゃないですか」と訴えてきたので、正直に見たことを伝える。

コックピットに、以前業務中に死亡したＣＡが乗っていた。ブレーキマンの後ろで、笑顔でこちらに手をふっていたという。

海外

海外

イギリスにお住まいの友美さんは、以前、不思議なものを見たといいます。

ある夜、トイレに行こうと廊下を歩いていると、目の前をなにかが通り過ぎた。

（なんだろう。ねずみ？）

三十センチほどの、小動物のようなものが走っているのですが、よく見るとそれは、修道服を着た小さなシスターなんです。

タタタタ……

シスターは、友美さんから逃げるように右往左往しながら走って壁の中に消えてしまった。

家の近くに教会が多いことと、なにか関係しているんでしょうか、

そう友美さんは語っていました。

八十七　香港の地下鉄

最近も海外にお住まいの読者から体験談をお寄せいただいている。時差を調整しての電話インタビューにも慣れてきた。

カナダ在住のマイケルさんは、母親のレベッカさんからこんな話を聞いた。

二〇〇五年頃のことだという。レベッカさんは、香港で暮らす弟に会いに行った。乗車した地下鉄はラッシュ時ではなく、乗客もまばらで座ることができた。二十分ほど揺られただろうか。油麻地站《ヨウマーティーえき》に停車すると、近くのドアが開いた。するど、慌ただしくひとりの中年女性が乗りこんでくると、一目散にレベッカさんを目掛けて駆け寄ってきた。

「まあ！　わざわざ遠いところをありがとう！」

突然のことに驚いたが、香港に知り合いは弟以外にいない。人違いか、それとも関わってはいけない人かもしれない。

レベッカさんは顔をあげず、無視をした。それでも女性はレベッカさんの膝に自分の膝を摺り寄せながら、嬉々として「ありがとう」をくり返す。

ドアが閉まり電車が動き出す。周りに目を向けても誰もこちらを見ようともしない。なんて冷たい人たちなのだろう。誰か、助けてくれないかしら。

女性は大声でまくしたて続ける。次の駅でいったん降りよう。それまでの辛抱だ。下を向いてただこの時間をやり過ごそうと思った。何気なくうるさい中年女性の足もとに目をやると、レベッカさんは違和感を覚えた。履いている靴、スカートが、現代のそれではない。顔を上げると、大声でまくしたてるその中年女性の姿は頭の先から足先まで、まるで古い写真のようにセピア色をしていた。

（マズい。これはこの世のものではない）

改めて周りを見ると、こんなに大声で絡まれているのに誰も反応していない。私にしか見えていない存在なのだろうか。電車は減速し、次の駅で停車した。立ち上がろうとしたところで、目の前の女性の姿も声も消えたことに気がついた。

レベッカさんは弟の家に着くと、きっと信じてはもらえないだろうけど、と前置きして電車内で遭ったできごとを伝えた。すると弟は、

「姉さんも会ったの？　あの駅の周辺で、第二次世界大戦前くらいと思われる古い服装の中年女性を見る同じ体験をしたという人に複数出会っているよ。扉が開くと飛び乗っ

てきて、大声で話しかけてくるらしいね」

やはり、あれは人間ではなかったのだと思うと、怖気が走った。

数年後、レベッカさんは再び香港へやってきた。あのことはすっかり忘れていた。

今回の滞在は少し長めで、色々と用事を済ませたり、観光もしてまわった。

ある日、その電車に乗って思い出した。あの時と同じ車両に乗っていた。まさかと思っていると、油麻地站に到着するや否やあの人が飛んできた。女性は、

「まあ嬉しい！　また来てくれたのね。会えて嬉しい」

（また？　前のこと、覚えてる？）

下を向いて無視をし続けた。相変わらずほかの客はこちらには目もくれない。以前と同じように次の駅で消えた。


女性が乗ってきたのは、油麻地站。この駅には荃灣綫《チェンワンせん》と觀塘綫《コワンタンせん》というふたつの路線が通っている。油麻地には、天后廟《ティンハウミュウ》寺院がある。その寺院が関係しているのかどうかはわからないが、この女性を見たという人はレベッカさん以外にもいるということだ。

八十八　壊れたベッド

小学生の頃、マイケルさんはやんちゃで、度々母親を困らせていたらしい。

ある時期、こども部屋にある二段ベッドの上の段から隣のベッドに飛び移るというアクロバティックな遊びにはまっていた。

その日は妹と一緒に、くり返しジャンプをし続けていた。さすがにベッドも真ん中のあたりが凹み、そのうちに盛大に壊れてしまった。母親から強烈な拳骨をくらう。

当時、母親は離婚していて、新しい恋人と同居していた。

週末の土曜日、母親は恋人にベッドの修理を頼んだのだが、この人とマイケルさんは反りが合わず、ほとんど会話をしたこともない。壊れたベッドを見ると舌打ちをして、激怒された。

恋人は文句を言いながらもハンマーや釘、木材でベッドの修理をし始めた。

凹んだベッドの裏側に木を通し、釘で打ち付ける。その作業を見ていると、急激に体調が悪くなった。恋人は一瞬こちらをギロリと睨みつける。

部屋にいづらくなったのでマイケルさんはリビングへ逃げ込んだ。

カンカンカンカン

釘を打つ音が家中に響き渡る。胸のあたりが痛い。

カンカンカンカン

痛い。痛くてたまらない。釘が撃ち込まれるとともに、胸の痛みが増していく。

カン！

マイケルさんは意識を失った。
目が覚めるとソファにいた。胸に手を当てると痛みは消えていた。
釘を打つ音もやんでいる。終わったのか。こども部屋から母の恋人がハンマーを手に出てくると、マイケルさんを冷ややかな目で睨みつけていた。

八十九　砂浜のトイレ

マイケルさんが友人のレイさんから聞いた話も紹介したい。

十年前、レイさんは旅行でベトナムを訪れた。友人たちとビーチ近くのホテルに数日間滞在することにした。

砂浜で友人たちと遊んでいるうちに陽が傾いてきたのでホテルへ戻ることにした。

辺りが薄暗くなってきた。尿意を催したレイさんは、ホテルに戻る前に公衆トイレに駆け込んだ。

砂浜からは少し離れた場所でなんとか間に合った。壁側の小便器前に立ち、用を足そうとした時だった。入り口から誰かが入ってきて、肩に勢いよくぶつかってきた。

レイさんは無防備な姿のまま、バランスを崩し、よろめいた。

「おい！」

頭にきて思わず、その人物に向かって叫んだ。するとその人物は、トイレの一番奥に立ち、用を足すでもなく、壁にぴったりとくっついて止まった。軍人の姿をしている。

レイさんは手も洗わず逃げ出した。

友人たちと合流すると、トイレでのことを興奮状態で話した。

「海ならわかるよ。海には幽霊も出るだろうから。でも、どうしてあんな離れたトイレに軍人の幽霊がいるんだよ」

するとと友人は言う。

「あの辺りはベトナム戦争の時、軍人が処刑された場所だからでしょ」

九十　ホワイトレディ

「私、複雑な家庭環境で育ったんです」

清子さんはそう話しだした。

幼い頃、母親が再婚し、義父との間にこどもが生まれると、清子さんは体の良い召使いのように扱われるようになった。両親は毎晩酒を飲み、その度に虐待をされた。何度も家出を試みたが、逃げても必ず見つけ出されて連れ戻される。学校もほとんど行ったことがなかったという。

清子さんは十七歳になると、年をごまかしてスナックでアルバイトをはじめた。その勤め先の厨房で働いていたフィリピン人の男性とすぐに交際をはじめた。

日本にいても義父に連れ戻されて暴力を振るわれる。フィリピンへ行って彼と結婚をしようと逃げるように旅立った。彼の実家は、ビナゴナン・リザールという田舎町で、当時、家の周りは養鶏場とぽつぽつと民家があるくらいだった。

彼の家の敷地は広く、ダディとマミィのほか三世帯が暮らす大所帯だった。ガチョウや七面鳥も飼っている。日本の暮らしとのギャップにはじめは驚いたが、すぐに慣れた。

ところが、彼氏はいざフィリピンへ到着すると、毎晩外へ出歩いて遊び、清子さんはひとりで寂しく過ごすことが多かった。日本が恋しくなってきた。

ある夜、玄関の外を白いドレス姿の女性が横切った。大きな敷地で、目の前に通路があるので家族の誰かだろうと気にしなかった。ところが、その日から夜になると、毎回同じ方向へ歩く白いドレス姿の女性を見るようになった。

あの人は誰だろう。近所に日本人の旦那がいる家があるので、その人に聞いてみた。

「最近、夜になると白い女の人が前を通っていくの。声をかけても返事もしてくれない。なんなんだろう」

「それは、ホワイトレディよ」

「なにそれ」

「フィリピンでは有名な願いを叶えてくれる良い幽霊なのよ」

そう教えてくれた。清子さんはそれを聞いてから、毎晩話しかけるようにした。

「ねえ、ホワイトレディ。私、日本に帰りたい」

ひとり言のように言っていた。ホワイトレディは相変わらずなにも答えない。

それが数日続いたある日、清子さんはマミィに伝えた。

「ホワイトレディは願いを叶えてくれるんでしょう？　私、日本に帰りたいって言っているんだけど、全然返事をしてくれないよ」

するとマミィは血相を変えた。

「それは嘘よ。ホワイトレディと話をすると、魂を持っていかれるよ。死ぬわよ」

清子さんは見る間に血の気が引いていった。

「どうしよう。私、毎日話しかけてる」

「もう話しかけちゃいけないし、話しかけられても答えちゃいけないよ」

夜がきた。また通路を歩いていく。清子さんは思わず叫んでいた。

「ホワイトレディさん、あのお願いはキャンセルします」

ふだん静かな庭のガチョウが一斉に騒ぎ出す。すると、ドアの方から風がびゅうっと入ってきて、なにかが部屋の中に入ってきた。

耳元で「フォーイ」と低い声が響き、部屋じゅうのものが舞い上がる。やがて静けさを取り戻し、それきりホワイトレディなるものは現れなかったという。

祭

祭

大学生の誠さんが、真夜中、公園内を横切っていた時のこと。

浴衣姿の女の子が街灯の下に、

金魚の入った袋をぶら下げて立っているのが目に留まったんです。

誠さんは地元で育ったので疑問に思ったんです。

（今日、近所で祭りなんかあったかな）

ふとコートの裾をくいッと引っ張られて、女の子の声がしました。

「いかないで」

ふり返ると、さっきいた女の子の姿はないんです。

そこで誠さんははたと気がついた。

こんな真冬に祭りはないし、

ましてや、浴衣姿のこどもがいるはずはないと。

九十一　盆踊り

大阪との県境にある兵庫県猪名川町《いながわちょう》。山の中の新興住宅地に、あさみさんの実家がある。

高校二年生の夏休み。その日の夜は盆踊りが行われることになっていた。

昼過ぎから太鼓を練習する音が聞こえてくる。夕涼みをしようと庭に面した縁側に出ると、横になった。自分もあとで妹と一緒に会場へ行く予定だったので、仮眠を取ろうと思ったのだが、太鼓の音ですぐに目が覚めてしまう。少しウトウトするとまた目が覚める。やがて目を開けるたびに、前をなにかがチラチラと横切ることに気がついた。

(なんやろう)

大きさはこどもくらいだ。近所のこどもが庭に入ってきたのか？　起き上がろうとした時、どすんとお腹に衝撃を感じた。こどもが乗っている。

(いや、これはこどもじゃない)

頭がものすごく大きい。三頭身くらいだろうか。顔を見ると、おじさんだ。大きな顔に見合わない小さな目鼻口が中心にきゅっと集中している。

そいつはあさみさんをゆさゆさと揺らしはじめた。近くで太鼓の音色が聞こえる。

「あっちへ行って」

そう叫ぶと、それは縁台からぴょんと飛び降りて、庭を走り出した。

「ご飯だよ」と、妹が戸を開けて呼びにくると、どこかへ消えていった。

今あったことを話すと、妹はしばし虚空を見上げて、ぽんと膝を打った。

「それ、私たち、前にも見たことあったよね」

あさみさんと妹がまだ小学生だった頃。縁側にいると、庭を走る巨大な頭のこどもを見つけた。顔はおじさんで、その日も盆踊りだった。怖くてふたりとも行けなかった。

この年も、会場へ行くことをやめにした。


数年後、あさみさんが結婚した夫は、怪談本が好きな人だった。実家の近くに心霊スポットはないかと聞かれたので、地元で有名な妙見山《みょうけんさん》の名を出した。すると、夫はとある怪談本に「妙見山」にまつわる話が掲載されていることを伝えてきた。その内容は、頭の巨大なこどもが出てくるというもので、自分が見たものと酷似していた。

九十二　灯籠祭り

緒方さんは熊本県山鹿《やまが》市のとある町で生まれ育った。このあたりは元は宿場町だった。江戸時代、天草四郎の乱が起こった地域でもあり、改宗を拒むキリシタンへの弾圧が酷かった。対幕府では当然勝ち目はない。傷を負ったキリシタンの人々が、宿場町である山鹿まできて傷を癒していた。そのことが発覚すると、幕府は山鹿のひとたちを弾圧した。特に女性に対してが酷かったという。殺して死体に尿をかける者もいた。

弾圧は続き、その後は西南戦争も起こった。東軍も西軍も政府軍も維新軍もみな宿場町で傷を癒していた。

山鹿市では毎年八月十五日から十七日にかけて山鹿灯籠祭りが開催されている。

精霊祭りでもあり、亡くなったキリシタンの霊を成仏させる意味も含まれていると緒方さんは言う。浴衣姿の女性たちは頭上に灯籠を載せて、代々受け継がれてきた踊りを舞う。

また、町内毎に灯籠が飾られる。灯籠は骨なし灯籠と言われ、和紙と糊だけで手作業で作り、お神輿にし、お宮も作る。お宮には金箔が貼られている。

灯籠は観光客や見物人のために一週間飾られる。お宮の灯籠がズラリと並ぶ町は幻想的な雰囲気に包まれる。緒方さんの町内は山鹿城跡地になっていて、一番灯籠となる。多くのお宮の灯籠が並ぶ中、一番灯籠だけは人形（女性）の飾り物で人形灯籠が飾られる。二番灯籠からはすべてお宮の灯籠だ。

ある年、この町内に海外のテレビの取材が入ることになった。人形灯籠と比べると、お宮の灯籠の方が見栄えが良い。その年だけテレビ取材のためにふたつ灯籠を用意した。人形灯籠とお宮の灯籠に小さな女性の人形の型を置いた。

緒方さんの家の前に一番灯籠が飾られる灯籠祭の前日。自宅前には人形灯籠からお宮の灯籠に変えたものが飾られた。町会のおとなたちの手伝いをしていると、隣の家に住むおばあちゃんが、上の窓から顔をだした。おばあちゃんは、

「あら、今年は人形灯籠じゃないの？」

と言いながら、そのまま二階から地面に落ちた。窓を見ると、車椅子の女の子がこちらを見ている。知らない子だった。

幸い、おばあちゃんは無傷だった。念のため病院へ行ったが、どこにも異常は見られなかった。

「ごめんね、みんな心配かけて。明日の十二時に、みんな家に寄って。あたしがご飯を

ふるまうから」

おばあちゃんは申し訳なさそうに頭を下げた。

翌日、言われたとおり家の前に集まったのだが、十二時になっても出てこない。

「みんな、集まっとるよ」

下から声をかけると、ようやく顔を出した。

「ご飯、ごちそうになりにきたよ」

すると、おばあちゃんはなにも言わず、また二階の窓から落ちた。今度は顔から落ちた。「ガチャン」と金属音のようなものが聞こえる。おばあちゃんの傍らには、昨日見た車椅子の女の子がいて「ふふふ」と笑った。すると、まわりにいた男のひとたちが「わははは」と大声で笑う。

緒方さんは驚き、

「なにを笑っているの？　ばあちゃん、落ちてるよ」

おとなたちは我に返ったように「なんで笑ったんだろう」と首を傾げている。女の子の姿は消えていた。救急車を呼んだが、おばあちゃんは助からなかった。

町内の人々は、伝統を崩したからそうなったのだと恐れ、その日の写真は人形灯籠とお宮の灯籠の二枚が存在している。

九十三　浜辺の老人

千葉県鴨川市天津では、海の神様をまつる夏祭りが三日間開催される。氏子になった男性は、海水で清めてもらう儀式が行われる。屈強な男性が集まり氏子を担ぎあげ、海中に放り投げる。これが順番に回ってくる。ある年、氏子になった男性が海に投げられたあと、こんな話をしはじめた。

投げられるところまではいつもどおりの天津の景色だった。担がれ、海に入って海中で目をあけると、自分は砂浜に立っていた。周りには、神輿も人もいない。海辺を歩いて上に行っても誰の姿もいない。

すると、浜辺を白髪頭の老人が歩いてきた。老人はつなぎを着ていて、日本語でない聞いたことのない言葉を怒りの表情でぶつけてくる。そして、担ぎ上げられると海に放り込まれた。

海中から顔をあげると、みなが拍手して、わっと歓声をあげる。元の浜辺に戻っていて、祭りが続いたという。

翌年、氏子になった男性は、先輩からそんな話を聞いた。

この年の氏子はふたりで、例年どおり海へ放り込まれた。貝殻で背中のあたりを切ったものの、海面から顔を出すと、みな手を叩いて笑っている。ところがもうひとりの氏子が上がってこない。慌てて引き上げると、ボーっとしている。頬を叩くと我に返った。

「今投げられて、気がついたら知らない男に怒鳴られて海に投げられた。俺、なにしていたんだっけ」

先輩と同じことを言う。

数年後も、同じ体験をする氏子がいた。

浜辺の老人が何者なのかはわからずじまいだ。

九十四　神楽舞

啓太さんは、大分県のとある神楽社に所属している。中津市と宇佐市を中心に、お宮の春祭り、秋祭りや年越しで舞いを奉納する。

演目によって舞台に立つ人数は変わる。お囃子は、笛、太鼓、ちゃんがら。啓太さんは舞いを担当している。江戸時代までは神職によって伝承されていたのを、明治以降は民間の神楽社が舞い継いでいるという。

稲荷が奉られている神社へ行くと、その集落の方から「ここ、狐さんいるよ。今、来ているから行ってごらん」と声をかけられることもよくあるそうだ。

実際に見に行くと、本殿の中に黄色い光を放つ狐が座って中から神楽を見ていたこともある。

怒っている時はしっぽが増えるよ。増えたら気をつけなさいと、釘を刺された時は背筋が伸びる思いだった。

酒を飲みながら神楽を舞い、餅やみかん、菓子を撒くこともしばしばある。

ある神社の祭りで、舞いながら餅を撒いていた。人々は「もっとください」と手を伸ばす。多くの人の手に行き渡るように、啓太さんは餅を撒いていた。

終わって楽屋に戻ると、先輩が肩を叩く。

「啓太。さっきはなんであそこに撒いたの？　誰もおらんところに」

「木の後ろとその横と、段の下にも、人、おったよね。いたから撒きよったんやけど」

「あっこ、誰もおらんよ」

啓太さんが戸惑っていると、そこへ七十代くらいの集落の女性が入ってきた。

「あげ神楽で舞いよった人やね。あんた、幽霊見えるんかい？」

唐突に言われ、啓太さんは戸惑った。

「いえいえ、見えないですよ」

「あんたが撒きよった木んところにはね、神楽が前、好いちょった人が、よう見に来るんよ。もう亡くなったけどね。幽霊になっても来てるけん。見えてるからそっちに撒きよるのかと思った」

啓太さんに自覚はなかった。さまざまな神社で舞うのだが、その度に集落の方から「あんたは見える人や」と言われる。

ただ、そうした体験をする時には決まってお神酒を飲んだ際、強烈に味が辛く感じる。

辛すぎて飲めないほどだ。

その日はだいだい霊が見える。朝から行事が始まり、家に帰って寝るまでの間、見えすぎて境目がなくなることもある。

啓太さんは神楽を始めて今年で十八年になる。今年も多くの人と、そうでない者も大勢が彼の舞いを楽しみにしている。

村

村

浩則さんは小学生の頃、海沿いにある村の祖母宅に預けられていました。

山菜を採りに裏山に連れて行ってもらうことが楽しみだったんですが、この山にはダムがあって、絶対にひとりで行ってはいけないと言われていたんです。

ところがある日、度胸試しをしたくなった浩則さん、その言いつけを破ってしまった。ダムまでは家から歩いて十五分ほど。

まわりはみかん畑の農道になっているのですが、誰の姿もない。

やがてダムが見えてきて、ひと目見て帰ろうとふと顔をあげると、水面に帯の付いた遺影がプカプカと浮かんでいる。

急に怖くなって元来た道を走って農道へ来ると、
麦わら帽子を被ったおじさんがいた。

「おじさん」と声をかけると、
その顔は真っ黒で、目、鼻、口はなかったそうです。

九十五　なにか

孝さんは幼少期、石川県の祖父母の家に預けられていた。

今ではほとんど見ることがなくなった、土間や囲炉裏のある茅葺屋根の大きな古い家だった。天井が高く、梁の上は真っ暗だ。夜になると、その暗闇で、やたらと物音が聞こえる。なにかいるのだろうか。音が止むと土間に灯りがついて、なにかを転がすような音もする。

コロンコロン……

障子越しに灯りがここにも漏れている。戸を開けてみたが、誰もいない。音もぴたりと止む。

何日も聞いているうちに気がついた。動物ではない。こどもだ。こどもがいる。

コロンコロン……

うるさくて眠れない。

ある晩、思い切り障子戸を開けてみた。ちゃんちゃんこ姿の全身毛むくじゃらなこどもが、土間にしゃがんで薪を転がしていた。

コロンコロン……

九十六　掟

あさみさんが二十二歳の頃なので十八年前の十一月末のこと。祖父が亡くなった。祖父の家は島根県安来《やすぎ》市の山中にある江戸時代から続く大地主だった。周囲の見える山まではすべて祖父の土地らしい。現在は過疎化が進み、民家はまったくない上、ほとんど人が住んでいない。

祖父の葬式には、十数名の親族が集まって寝ずの番をすることになった。

村ではある言い伝えがあった。

「死人が出ると、焼き場へ行く間、死者と生者の境界線が曖昧になる。だから家を空けてはいけない。魔除けで二組の男女、夫婦がいなければならない」

家を空けると「魔」が入る。口伝通りに血縁者でない村人の中から二組の夫婦が選ばれた。夫婦は親族が帰ってくるまでの間、居間で待っていた。

焼き場を出る頃には日が沈んでいた。三台のタクシーに分かれて、山の麓へ着く。

これより先、車が入ることは不可能なので、家まで四百メートルほどの道を自力で歩くより他なかった。

山陰で、あたりは真っ暗だ。街灯はない。

祖母がお骨を抱いて細い小道を上っていく。親族は一列になってぞろぞろと歩いていた。この先、左に曲がれば母屋と田んぼがある。暗がりでほとんど前が見えないので、できるかぎり前を歩く人の真後ろについていった。

居間では二組の夫婦が待っていて、お茶を淹れてくれた。

三十分ほど経った時だった。

「姉さんがおらん。どこ行った?」

親族がひとりいない。当時七十代後半で、あさみさんから見ると伯母にあたる方だ。外の汲み取り便所か着替えだろうと思ったが「姉さん、どこにもおらんよ」と言う。

「おらんか」

留守を任されていた村の男性ふたりは、顔を見合わせ立ち上がる。

「いけん。これはいけんぞ」

「女はまず、中で待ってろ。出るな」

伯母を捜しにいくという。あさみさんやほかの家族は「大げさだよ。どこかでなにかしているんじゃない」と言っていたが、待っていた村人たちは首を横にふる。

「それは違う」と物々しい雰囲気になった。男衆は祖母に刃物を用意するよう伝えてい

る。オロオロする祖母を急き立てるように、

「鎌でも鉈でもええけん。光ものを早く」

祖母はかけてあった草刈り用の鉈と、裁ちばさみを探してくると、男性はみな、懐中電灯と刃物を持って表へ飛び出ていった。

「おーい、おーい」「どこだ」「どこにおーだ」

男衆の声が山彦のように聞こえる。外に出ると、遠くで懐中電灯の光がチカチカ見える。待っていたふたりの女性は「こわい。こわい」と震えていた。

あさみさんや家族は関西の都会に出ていたので村人の反応が滑稽に思えた。

「そんなの迷信だから怖がることないよ」

「そんなことない。葬式の日って、だいだい変なことが起きる。やっぱり、来うだけん」

肩を震わせていた。

時刻は夜九時をまわっている。山陰の十一月。底冷えがしてきた。家の中を探しても伯母の姿はない。さすがに警察を呼ぼうかと話をしていると、

「見つかったぞ」と聞こえた。

伯母は、両脇を抱えられながら泥まみれの喪服姿で帰ってきた。

「なんであげなとこ、おったんじゃ」

「何回も言っちょうわね」

男衆は刃物を返すと、安堵した表情で腰を下ろした。

「良かった。ギリギリやった。連れて行かれるところじゃやった。気をつけな、いけんね」

伯母はタクシーを降りた後、みなについて歩いていた。暗がりの中、道を見失わないように、ぴったりと後をつくように坂道を上った。前には、お骨を抱えた祖母と、ほかに三人が行く。その真後ろについていくと、急に足がもつれて動けなくなった。進めど進めど前を行く三人は道なき道を歩いていく。追いつこうにも足が動かず、泥濘《ぬかるみ》にはまっていく。気づけば真っ暗な沼地に首のあたりまではまって身動きが取れずにいた。

家の坂道を下ると、そのだいぶ下に昔、果樹園があった。伯母はその沼地に埋まりながら死を覚悟したという。

亡くなった祖父は生前こんなことをよく言っていた。

「この辺りは人よりもそうじゃないモノの方が多い。だから、もしすれ違ったら道を譲ってあげなさい。話しかけちゃいけん」

九十七　境界線

現在七十代の女性が小学生の頃に体験したできごとなので、六十年ほど前の話だ。

寒い日だった。その日はどうしても学校に行きたくなかった。理由は特にない。ただ漠然と行きたくないと感じていた。グズグズしていたところを、母親に首根っこを掴まれて無理矢理家から放り出された。

家の前の大きな橋を渡ると、学校へ続くまっすぐな道がある。歩いて二十分ほどで着くはずだ。まだ冬のはじめで、さほど雪も積もっていない。いつもは田んぼや畑仕事をする村人がいるはずなのに、この日は誰もいなかった。こどもも大人もいない。

学校手前に架かる短い橋の手前で足が止まった。

「やっぱり今日は行きたくない」

家に帰ることにした。

大きな橋が見えてきた。母ちゃんにはきっと怒られるだろう。橋を渡り終えたと同時に突然あたりが真っ暗になった。大人たちが自分の名前を呼んでいる。村中のひとたちが懐中電灯を手に大声を出していた。家と学校はこどもの足で往復四十分ほどかかる。

朝、家を出たばかりなのに、いつの間にか夜になっていた。

ここは、秋田県の七頭という村だ。出雲とは別の八岐大蛇伝説があると村人は言う。大昔、この村には七つの頭を持つ大蛇がいた。ある時、行者が退治したのだが、今も祟りが残っている。この土地では六軒までは家が成り立つ。しかし、七軒目が建つと、新旧関係なくどこかの家は没落するという話だ。

時折り、神隠しや不思議なことが、この村では度々起こっていたという。

九十八　釣り

高知県の漁港近くで、溶接と解体の仕事をしている大樹さんという方がいる。

仕事帰りによく海釣りをしていた。

十月の末の朝。事務所の上司と釣りの話をしていると、地元の漁師がやってくるなり、

「夜、釣り行っとって、女の人に声かけられても返事しちゃいかん」

神妙な面持ちで言う。最近、漁師仲間が何日か続けてイカがよく釣れると言っていて、そんなに釣れてるけど、どこへいってるのかと問うと、その漁師は答えた。

「女の人が『ここ、よう釣れるけ、明日もおいで』って言うんや」

こいつ、なに言っとるんやろうと思っていたが、それから二、三日して船で釣りをしていた時にその漁師は亡くなったらしい。

その話を聞いても大樹さんは特に気にとめなかった。

その晩、残業で遅くなったが釣りにいくことにした。ふだんは同じ場所で釣っていたが、今夜は一度も行ったことのない場所にナビをセットした。

噂だとかなり釣れるらしい。

四十分ほど走って、目的地の漁港に到着した。

足元の幅が八十センチほどのテトラに腰を下ろす。

波が高い。しばらくアタリを待ったが今日は釣れそうにない。

諦めて帰ろうとすると、視界にワンピースのようなものが見えて、声をかけられた。

「釣れますか」

「いや、今日は荒れているからダメですね」

ふり向くと誰もいない。黒い海が広がっているばかりだ。

朝、漁師から聞いた女の話を思い出した。

すぐに帰り支度をして車に乗り込むと、ナビを自宅にセットした。ところがなぜかナビはアナウンスをしないままだった。

どこをどう走ったのか、来た時とはまったく別な山道に入り込んでしまった。どうやら旧道に入っていくようだ。落石もすごい。

トンネルに入ると真っ暗で電気も点いていない。

バックすらできないトンネル内で、車はエンストしかけた。

すると、耳元でクスクスと女性の笑い声がする。大樹さんは叫びながらアクセルを踏み続け、やっとの思いで山道を抜け出した。

翌朝、漁港に釣りに来ていた高校生が高波にさらわれて死亡したというニュースを見た。大樹さんにほど近い場所にいたようだった。

その子も女に声をかけられたのだろうか。もしかしたら、自分がそうなっていたかもしれない、そう思うと歯の根が合わなくなったという。

その時期は、同じ漁港で立て続けに水難事故が続いていたという。

九十九　茨城の葬列

「小学校二年生の頃に住んでいた茨城の村は、自然豊かで虫捕りや魚釣りを夢中でやりました。今でもあの頃が一番楽しかったです」

信二さんは懐かしそうに語った。

その村では葬式が出ると、棺を部屋から出して霊柩車へ運ぶ間、庭に小銭を撒いていた。地域によってその意味合いは様々だが、信二さんが聞いたのは、死者が家にお金を取りに戻って来ないようにする為だという。

近所で葬式があると、こどもたちは喜んで出かけた。拾ったお金は自分のお小遣いになる。多い時には三千円という大金になることもあった。こどもはそのお金をポケットに詰めて駄菓子屋へいく。豪遊できるわけだ。

しかし、大金すぎて使いきることができない。

あまったお金を捨てるのは勿体ない。母親からは「家に持ち帰れば亡くなった人が取りに来るから持ち帰ったらダメよ」と言われていた。

信二さんは庭に埋めて隠すことにした。お菓子の袋に小銭を詰めて園芸用のシャベルで土を掘ってそこに埋めた。

数日後、駄菓子屋へいく前に小銭を掘りおこそうと庭へ出た。すると、やけに土が温かい。もみ殻を積んで火がくすぶっているような感覚だ。

シャベルで土を掘ると突然誰かに頭を思い切り叩かれた。

「痛……」

誰もいない。家の中には取りに来ていない。庭までは、来たようだ。

百

蛇神村の聲

平成二十九年七月、九州北部豪雨災害が発生。福岡県や大分県では記録的な大雨となった。死者三十七名、行方不明者四名という人的被害のほか、多くの家屋が倒壊。被災された方は長い間避難所生活を余儀なくされた。

当然ニュースや新聞で報道されていない被災地もある。やむを得ない事情ではあるが、救助は人口密集地が優先されることがあるという。福岡市内には大きな川が流れており、学校や保育園もある。レスキュー隊の多くは人口密集地に向かうそうだ。

この災害で、ひとつの集落が無くなったことを私は知ることとなった。その消えた集落に、当時実際に救助活動にあたったという隆さんという男性から貴重な話を伺った。

彼は福岡県で防災関係の仕事をしている。警備が多いそうだ。ただ、大きな災害が発生すると住民の救助にいくこともあるという。

その日は朝からポツポツと雨が降りはじめ、大雨の予報が出ていた。

万が一の時に備えて待機指示があった。

職場の仲間はほとんどが地元の人間で、さほど大事にはならないだろう、大丈夫だろうと話しながら待機していた。

ところが昼前頃に線状降水帯、局地的に豪雨が続く可能性があると発表された。

上からは「ここの地域に住んでいる人たちを避難させてくれ。消防が間に合わんから行ってくれんか」と連絡が入った。

「確かにあそこの山は崩れる可能性が高いな」

救助に向かうのは六人で、隆さんはこのチームの隊長だった。ひとりは資材を積むトラックに乗り、あとの五人は避難させる人を乗せるバスに乗り出発を急いだ。

その集落は、かなりの山奥に位置し、最寄りの大きな道路に出るまで三十分以上もかかる。だんだん畑のようになっていて、名簿によれば住人は高齢者ばかりが十六名だという。

現地に着くと、安全な場所に仮設テントを張って作業を始めた。まだ小雨だ。手分けをして声をかけていく。

日頃の訓練の成果が出て、短時間で無事に全員をバスに乗車させることができた。

「みなさん、これから避難所の小学校へ移動します」

住人に声をかけた時だった。ひとりのおばあさんが「孫がおらん」と言い出した。

「孫？　孫がいるの？　何歳くらい？」

女性によると、ふだん別の場所に住んでいる孫がたまたま遊びにきている。行き先を告げずにひとりで外へ遊びに行ってしまったということだった。すぐさまこどもの特徴を細かく聞き出した。孫は小学三年生のみきちゃんだという。

雨が強くなってきた。どこにいるのかわからないこどもを見つけるのは容易ではない。思案していると、無線が入った。

「もう少しで村の上空に局地豪雨の雲がくるけん。真上にくるけん、さっさと逃げろ」

でも、孫を探さなきゃいけん。やけん、こっから探すとなると……

隆さんが頭を抱えていると、突然なにかの鳴き声がした。それは形容しがたいものすごい音で村中に轟《とどろ》いた。

すると、隊員のひとりが、「ちょっとあれ見てください」と山の上を指さす。ふり向くと、一帯にぬめっとした巨大ななにかが村全体を取り巻いている。

よく見ると、巨大な蛇のようだ。まるで怪獣映画にでも出てきそうな大きな太い蛇の胴体が、だんだん畑に横たわるようにいる。遠くから顔は見えた。

隊員たちも、あまりのことに「あれ、なんや」という言葉すら出てこないようで口を開けて茫然と佇んでいる。しかし、なんにしてもこどもを探さねばならない。

隆さんは腹をくくり、ひとりで救助に向かうことにした。ほかの隊員を連れていってなにかあれば大変なことになる。自分ひとりで救助に向かう旨を伝え、安全な場所にいるよう指示した。それに加え、今見ている巨大な蛇の存在については、本部には無線で知らせないように念を押した。

「俺も逐一連絡する。必ず連れて戻ってくるからだいじょうぶだ」

大蛇は山全体に村を取り巻くようにとぐろを巻いてゆっくりと動いている。なんとなく、頭のところに行けば、こどもがいるような気がする。自分の感覚だけを頼りに隆さんは走り出した。村の奥の方に大蛇の胴体が伸びていく。その胴体を辿るように追いかけていった。

「みきちゃん、どっかにおるなら出てきて。おうち帰るよ。おばあちゃんが呼びようよ」

声をかけながら探す。

雨脚が強くなってきた。かつて経験したことのないほどの雨だ。急がねば。

夢中で走って走って、山を登る。そのうちに、おそらく大蛇の頭があるであろうところにたどり着いた。そこに神社の社《やしろ》があった。とりあえず中を見なきゃいかん。名前を呼んだ。

「みきちゃん」

「はい」

中から返事があった。扉を開けると、女の子が膝を抱えてうずくまっていた。無線で仲間に連絡をして女の子を担ぎ上げた。

なるべく近道を走って戻っていく。安全なところ。地盤が固いところを探しながら山を下りる。大蛇の胴体を辿っていけば助かるだろう。足がもつれて何度も転びかけた。ぬかるんだ地面を大粒の雨が容赦なく叩きつける。

女の子に声をかけ励ましながらテントを目指した。あたりには大蛇の低い声が轟いている。だいじょうぶ、だいじょうぶ。隆さんは自分に言い聞かせながら山を走り続けた。テントが見えてきた。助かった。

女の子を引き渡すとおばあさんは涙を流して隆さんを拝むように両の手を合わせた。また大蛇の鳴き声がする。さきほどよりひときわ大きな声だ。ところが村の方をふり返ると、大蛇の姿はもうなかった。ただ鳴き声だけが村に響き渡っていた。

すると、糸が切れるように「バチバチッ、ブチブチッ」と鈍い音が聞こえた。ピンと張った糸が切れるような音だ。

この音を聞いて隆さんはハッとした。研修時に習ったことがある。

鉄則として「ブチブチ音が聞こえる」「山肌から水が出る」「泥臭い、土の臭いが強くなる」この条件が揃うとまずい状況だ。いつ山が崩れてもおかしくない。間もなく土砂崩れが起きる。

バスが発車したと同時に山は崩れ落ちた。

「危なかった。間一髪やったね」と、口々に言いながら胸を撫でおろし、そこから五キロほど離れた避難所の小学校に向かった。

避難所で諸々の手続きを終え、あの集落の村人の元へ行くと、真っ先にみきちゃんに声をかけた。社から引っ張り出すと同時に担いで逃げたので、さぞ痛かったろうと思う。

「だいじょうぶやったかね。ちゃんと、隠れとって雨に濡れんところにおって、よかったね。よう待っとったね」

みきちゃんの話によれば、雨が降り出す前にひとりで社の前にいると、見知らぬ女性がやってきて一緒に遊んでくれたという。雨が降りはじめ、ふたりで社の中に入って雨止みを待っていたが強くなる一方だった。女性に「雨がひどいから、大人のひとを呼んでくる。ここで待っとって」と言われたので待っていた。離れる時に、その女性はみきちゃんに「お守り」だと言ってなにかを手の平に載せ山を下りていったという。

見るとみきちゃんは大事そうになにかを持っている。

「これがお守り。お姉さんから、もらったんよ」

みきちゃんは手の平を開いた。そこには蛇の抜け殻が載っていた。

隆さんもまわりの大人たちも息を飲んだが、こどもを怖がらせないように「今度その女の人に会った時に返そうね」と、頭を撫でた。

その女性は誰なのか。救助のし忘れがあったら大事なので、名簿を確認し、村のひと全員に訊ねてみたものの「いや、おらんね」と口を揃えるばかりだった。


村は話し合いの結果、復興しないこととなった。

住人は高齢者ばかりで、「新しく家を建て直す経済力のある人もおらんし、そこにおったってしょうがないからとりあえず片づけだけしてこの集落自体を潰そう」という話になった。

しかし、あの社だけは建て直しをすることで意見は一致した。社があることはみんな知っていた。昔からあるにはあった。

新しい社が完成すると、隆さんにも「隊長さん、せっかくなので見にきませんか」と一報が届いた。この村に長く住む村人は、昔から蛇神の信仰のある土地だということを知っていた。不思議なことに、救助にあたった隊員六名全員があの大蛇の姿を見ていたが、村人の中で見た人は誰もいなかったという。

大蛇の話は上司にも報告をしたが、報告書には記載しないこととなった。

現在その村があった場所は整地され、近くに大きな道路が通った。社だけが、ぽつんと残っている。今、その周辺の人に聞いても、社のことを知っている人はいないのではないだろうかと隆さんは言う。

具体的な場所は何度か聞いてみたが、教えてもらうことはできなかった。

★読者アンケートのお願い

本書のご感想をお寄せください。
アンケートをお寄せいただきました方から抽選で
5名様に図書カードを差し上げます。
（締切：2024年2月29日まで）

応募フォームはこちら

百怪語り 蛇神村の聲

2024年2月5日　初版第1刷発行

著者……………………………………………………………………牛抱せん夏
デザイン・DTP ………………………………………………………延澤武
企画・編集 ………………………………………………………Studio DARA

発行所…………………………………………………………株式会社 竹書房
〒102-0075　東京都千代田区三番町８－１　三番町東急ビル６F
email：info@takeshobo.co.jp
https：//www.takeshobo.co.jp
印刷所……………………………………………………………中央精版印刷株式会社